KB202614

관계 십계명

Relationship Ten Commandments

관계 십계명

성경에서 배우는 관계의 지혜

이수은 지음

좋은땅

일러두기

· 성경 본문은 개역 개정판을 사용했다.

우리는 관계를 위해 창조되었다

창조는 관계다. "태초에 하나님이 천지를 창조하시니라."(창 1:1) 하나님은 영으로 거한다. 그런데 그분이 창조를 통해 천지 만물과 관계를 맺는다. 그리고 그분은 영원히 거한다. 그런데 그분이 창조를 통해 시간과 공간과 관계를 맺는다. 땅이 혼돈하고 공허하며 흑암이 깊음 위에 있을 때 그분의 영은 수면 위를 운행했다(창 1:2).

창조는 피조물 간에도 온통 관계 맺기다. 땅에서는 그것과 풀 그리고 씨 맺는 채소와 각기 종류대로 씨 가진 열매 맺는 나무가 관계를 맺고, 궁창에서는 그것과 광명체들 곧 해와 달과 수많은 별이 관계를 맺는다. 또한 땅과 궁창과 물들은 살아 움직이는 모든 생명체와 관계를 맺는데, 땅은 가축과 기는 것과 짐승과 관계를 맺고, 궁창은 날개 있는 모든 새와 관계를 맺고, 물들은 큰 바다 짐승들과 물에서 번성하여 움직이는 모든 생물과 관계를 맺는다.

창조 여섯째 날, 하나님은 마지막으로 자신의 형상을 따라 자신의 모양대로 사람(아담)을 만들고 그와 관계를 맺는다. 그리고 그분은 그에게 복을 주며 자신이 창조한 모든 피조물을 다스리게 했다. 그리하여, 아담은 그분이 창조한 모든 피조물과 관계를 맺는다. 이것은 이후 그가 그들에게 이름을 지어 부름으로써 절정에 이른다. 그분은 그에게 "생육하고 번성하여 땅에 충만하라."(창 1:28)고 했는데, 그분의 이 문화 명령은 한마디로 모든 피조물 간의 성숙한 관계에 대한 명령이다.

땅에 사람이 없을 때 그곳은 스산해 보였다. "땅을 갈 사람도 없었으므로 들에는 초목이 아직 없었고 밭에는 채소가 나지 않았으며, 안개만 땅에서 올라와 온 지면을 적셨더라."(창 2:5-6) 그때, 그분은 땅의 흙으로 아담을 만들고, 그가 스산해 보이는 그 땅과 관계를 맺게 했다. 그리고 그분은 그를 만들고 나서, 그가 "혼자 사는 것이 좋지 아니하니 내가 그를 위하여 돕는 배필을 지으리라."(창 2:18)고 하며, 하와를 만들고 그들도 서로 관계를 맺게 했다.

요컨대 그분은 자신의 형상을 따라 자신의 모양대로 먼저 아담을 만들어 그와 관계를 맺고, 그러고 나서 하와를 만들어 그녀와 관계를 맺을 뿐만 아니라, 그들도 서로 관계를 맺게 했다. 그분은 그들을 창조한 여섯째 날 그가 지은 모든 것을 보고 심히 좋아했다. 이것은 그분과 그가 창조한 모든 피조물 간의 조화로운 관계, 특히 그분과 사람 간의 온전한 관계의 아름다움 때문이었다.

이처럼 관계는 창조의 클라이맥스다. 지금은 우리가 우리의 죄 때문에 그분과 또 다른 사람과 그 같은 온전한 관계의 아름다움을 누리지 못하고 있지만, 장차 천국에서는 그 모든 깨어진 관계를 회복하고 '새 창조'라는 새로운 관계의 클라이맥스를 경험하게 될 것이다.

리처드 도킨스는 오늘날 가장 열렬하게 진화론을 설파하고 있다. 그에 따르면 진화는 개체 또는 집단 차원에서가 아니라 유전자 차원에서 이루어진다. 그리고 거기에는 오직 자연 선택을 위한 생존 경쟁만 있다. 설령 그것이 이타적인 행동으로 보이는 것도 살아남기 위한 경쟁의 산물일 뿐이다. 물론 피임에서 보듯 그가 이 지구에서 우리 사람만이 유일하게 이기적인 자기 복제자(유전자)의 폭정에 반역할 수 있다고 주장하거나, 또는 그가 문화 전달의 단위 또는 모방의 단위라 부르는 또 다른 자기 복제자 '밈'을 주장하는 것에서 알 수 있듯이, 그는 유전자 결정론자는 아니다. 하지만 그가 말하는 진화론은 디자이너도, 목적도, 방향도, 미래도 없다.[1] 무엇보다 창조주 하나님과 모든 피조물 간, 그리고 모든 피조물 간의 온전한 관계가 없다. 그에게는 유전자 차원에서의 이기적인 생존 경쟁만 있다. 그리고 생명의 기원에 관한 그의 설명은 상당 부분 우연과 추측에 근거하고 있다.

성경에 따르면, 사람을 비롯한 천지 만물은 그것들을 창조한 디자이너인 하나님이 있고, 그것들은 모두 다 그분을 향해 있다. 그리고 거기에는 '새 창조'라는 분명한 목적과 방향과 미래가 있다. 무엇보다 그분과 그가 창조한 모든 피조물은 기본적으로 '관계'를 속성으로 한다. 그분은 공중의 새를 기르고, 들의 백합화도 아름다운 옷을 입힌다(마 6:26-30). 특히 사람은 그분과의 관계를 떠나서는 살 수 없다. 그럼에도, 아직도 수많은 사람이 그분을 모르거나 전혀 알려고도 하지 않는다. 그들은 그분과 소원한 관계에 있다. 이것이 우리가 겪는 고통의 근본 원인이다. 그래서 이 세상은 "쇠 풀무불 곧 애굽"(신 4:20)이다.

이 세상에는 세 가지 일이 있다. 괴로운 일과 힘겨운 일과 서로 다투는 일이 그것이다(신 1:12). 괴롭고 힘겨운 일도 어렵지만, 서로 다투는 일 곧 관계가 깨어지는 고통이 가장 어렵다. 관계가 깨어지는 것도 다 영적 현상이다(마 10:34-36). 아담과 하와가 범죄하자, 가장 먼저 하나님과 그들의 관계가 깨어지고, 그래서 그들 간의 관계도 깨어졌다. 그리고 그들과 자연 만물과의 관계도 깨어졌다. 사실 우리를 가장 힘들게 하는 것이 다른 사람과 관계가 깨어지는 것이다.

하지만 우리에게는 하나님이 있다. 우리는 그분의 음성을 듣고 그의 인도를 받아, 다른 사람과 온전한 관계를 맺을 수 있다. 구약 시대에 그분은 이스라엘 백성에게 직접 말하지 않고 대부분 선지자를 통해 말했다(암 3:7). 그러나 신약 시대 성도인 우리는 모두 다 왕 같은 제사장이자 선지자로서 구약 시대 선지자처럼 직접 그분의 음성을 듣고 그의 뜻을 우리가 관계하는 모든 사람과 나눌 수 있다(벧전 2:9). 우리는 또한 우리의 모든 관계의 현장에서 성령의 도움을 받아, 다른 사람과 온전한 관계를 맺을 수 있다. 이것이 우리에게 희망이다.

이 책은 심리학 서적이나 자기계발서가 아니다. 이것들이 다루는 이른바 '마음'은 한마디로 지상적이자 심리적인 것이다. 그러나 이 책이 다루는 바, 성경에서 배우는 관계의 지혜는 영적이자 초(超)심리적인 것이다. 이 책은 또한 소그룹 활동을 위한 지침서도 아니다. 한마디로, 이 책은 성경과 저자의 그동안의 경험을 바탕으로 관계의 불변하는 원리 열 가지를 다루고 있다. 관계에서 생기는 갈등과 상처를 어떻게 치유하고 회복하느냐도 중요하지만, 갈등을 겪지도 않고 상처를 주지 않고 받지 않는 것이 더 중요하다. 그렇게 하는 데 이 책이 실제적인 도움이 될 것이다.

몇 년 전에 출간한 『코어』가 구원 핸드북이자 성경 이해의 종합판이고, 두 번째 책 『하나님의 뜻을 정확하게 분별하라』가 영적 전쟁 핸드북이자 하나님의 뜻 분별 종합판이라면, 이번 책은 관계 핸드북이자 성숙한 관계를 위한 지침서라 할 수 있다. 이 책이 관계의 어려움 때문에 힘들어하는 모든 분과 성숙한 관계를 소망하는 모든 분에게 도움이 되기를 바란다.

말씀을 아는 것과 그것을 실천하는 것은 다르다. 말씀을 많이 아는 것도 중요하지만, 내가 아는 말씀을 하나라도 실천하는 것이 더 중요하다. 이 책을 통해 성경에서 말하는 관계의 지혜를 배우고 그것을 실천할 때 우리 삶은 더욱 풍성해질 것이다.

〈부록〉에는 복음의 핵심을 열 가지 항목으로 정리한 'TEN 복음'과 CORE MISSION(코어선교회) 훈련 과정을 간단하게 안내했다. 우리 모두 복음을 명확하게 이해하여 구원을 얻기를 간절히 바란다. 그리고 'TEN 복음'이 복음을 전하는 데 도움이 되었으면 한다.

끝으로, 여기까지 인도해 주신 하나님께 모든 영광을 올려 드린다. 그리고 좋은 책을 만들어 주신 출판사의 모든 관계자 분께도 감사의 마음을 전한다. 이 책을 읽는 분 모두의 가정에 하나님의 은혜가 함께하기를 기도드린다.

2024년 7월

관계의 네 가지 특성

관계는 이중적이다

하나님은 어떤 부분도 다르지 않고 전체가 똑같은 것을 온전하다고 한다. 레위기 13장 9-17절을 보면, 나병을 진단하는 말씀이 나온다. 어떤 사람이 머리부터 발끝까지 온몸이 희게 되어 나병으로 판정되면 오히려 정하다고 하고, 거기에 생살이 돋으면 부정하다고 한다. 그래서 그 생살이 다시 희게 되어 온몸이 다시 희게 되면 오히려 정하다고 한다. 곧 하나님은 어떤 부분도 다르지 않고 전체가 똑같은 것을 더 중요하게 생각한다. 그것은 완전을 바라는 그분의 속성 때문이다.

그분은 아브라함에게도 너는 내 앞에서 행하여 완전하라고 했다(창 17:1). 하지만 이 말씀은 그에게 아무 흠도 없이 그야말로 완전을 요구한 것이 아니다. 우리는 결코 완전할 수 없다. 이것이 우리의 정확한 실존이다. 우리는 다 한계가 있고, 그래서 완전할 수 없지만, 그분은 '예수님 안'에서 그에게 그렇게 말했다. 우리는 예수님을 믿고 의지할 때 그 안에 거할 수 있다(요 14:20). 그러므로 우리는 예수님을 믿고 의지할 때 전체가 똑같은 그래서 온전한 것처럼 하나님 앞에서 완전을 추구할 수 있다. 다른 사람과의 관계에서 항상 예수님을 믿고 의지하는 것, 이것을 잊지 말라.

우리는 관계 속에서 존재한다. 삼십여 년 동안 정신분석 전문의로 일해 온 김혜남은 우리가 누군가와 관계를 맺는 것은 우리의 거역할 수 없는 본능이라고 했다.[2] 우리는 관계를 떠나서는 존재할 수 없다. 유대인 철학자 마틴 부버는 유럽 대륙에 엄청난 영향을 끼친 그의 대표작『나와 너』에서 그것을 이렇게 말한다. "'나'는 너로 인하여 '나'가 된다. '나'가 되면서 '나'는 '너'라고 말한다. 모든 참된 삶은 만남이다."[3] 나는 너와 관계를 맺음으로써만 나답게 되며, 그

렇게 나답게 된 사람만이 또한 너와 성숙한 관계를 맺을
수 있다는 것이다.

창세기 1장 2절은 천지 창조 때의 모습을 혼돈(무질서)
과 공허와 흑암으로 묘사한다. 이것은 영적으로 해석하면
사탄에게 속한 하나의 동일한 영적 현상이다. 이러한 현상
은 관계가 깨어졌을 때도 나타난다. 그때 우리는 마음이
산란하고, 모든 것이 공허하게 느껴지며, 내가 짙은 흑암
속에 갇혀 있다는 생각이 든다.

관계가 깨어질 때 우리는 갈등을 느끼고 상처도 받지만,
반면 관계를 통한 성장도 있다. 관계는 이중적이다. 우리
는 결코 완전할 수 없듯이, 완전한 관계란 있을 수 없다. 그
러니, 갈등과 상처가 두려워 나만의 성에서 살아갈 수는
없다. 관계에서 생기는 갈등과 상처를 치유하고 모든 사람
과 성숙한 관계를 맺는 것은 우리 각자의 몫이다. 그것은
우리의 성숙도를 가늠하는 중요한 척도다. 성숙한 관계는
우리에게서 혼돈(무질서)과 공허와 흑암을 몰아내고 우리
에게 질서와 희망과 밝은 빛을 비춰 준다.

성숙한 관계를 위해 반드시 나만의 시간이 필요하다

하나님은 창조 셋째 날 땅과 바다를 만들었다. 그때부터 바다는 더 이상 땅을 침범하지 못했다. 이처럼 바다와 땅이 각각 자신만의 공간에서 자신만의 색깔을 지닐 때 그 둘의 관계는 아름다웠다. 물이 온 땅을 뒤덮고 있을 때는 아름답지 않았지만, 그분이 물 가운데에 궁창을 만들고 궁창 위의 물과 궁창 아래의 물로 나누고, 또 궁창 아래의 물을 한곳으로 모으고 그래서 땅이 드러났을 때 그것은 아름다울 수 있었다(창 1:10).

시간도 마찬가지다. 그분은 창조 첫째 날 빛을 만들었다. 그리하여 빛과 어둠이 나뉘고, 낮과 밤 그리고 아침과 저녁이 나뉘었다. 그리고 그분은 창조 넷째 날 해와 달과 수많은 별을 만들고, 그것들이 낮과 밤을 주관하게 하고 빛과 어둠을 나뉘게 했다. 이처럼 빛과 어둠, 낮과 밤 그리고 아침과 저녁은 각각 자신만의 시간에서 자신만의 색깔을 지닐 때 아름다웠다(창 1:18).

관계는 내 필요에 따라 좌지우지할 수 있는 가벼운 물건

이 아니다. 상대가 있기 때문이다. 다만, 때때로 나만의 공간에서 나만의 시간을 갖고 철저히 혼자가 되어 본 사람만이 다른 사람과 성숙한 관계를 맺을 수 있다. 철저히 혼자가 될 때, 우리는 나 자신을 깊이 살피며 나 자신을 깊이 이해할 수 있다. 그리하여 나 자신을 사랑할 줄 알아야 다른 사람을 진심으로 이해하고 받아들일 수 있다. 많은 면에서 우리는 서로 다르지 않기 때문이다. 우리는 좋은 의미에서 때때로 고독을 즐길 줄 알아야 한다.

모세와 세례 요한은 하나님의 사명을 감당하기 전에 오랫동안 광야에서 혼자 시간을 가졌다. 사도 바울도 예수님의 부름을 받고 나서, 혼자 아라비아 광야에 가서 삼 년 동안 그곳에서 그분과 독대하는 시간을 가졌다. 예수님은 때때로 겟세마네 동산에 가서 기도했는데, 어떨 때는 베드로와 야고보와 요한을 데리고 갔지만, 어떨 때는 따로 혼자 가서 기도했다(막 1:35, 6:46). 그분은 이 시간에 아마 기도만 하지는 않았을 것이다. 그동안의 사역을 되돌아보면서 자신을 추스르고 다시 앞의 일을 다짐하는 자신만의 시간을 가졌을 것이다.

우리는 모두 다 하나님 앞에 선 단독자로서 나 자신에 충실해야 한다. 그러기 위해서는 반드시 나만의 시간이 필요하다. 우리는 혼자 있을 때 그분의 성품을 깊이 묵상하며 그를 더 깊이 알아가게 되고, 그래서 나 자신도 더 깊이 알게 된다. 그리고 그때 우리는 그분과도 다른 사람과도 성숙한 관계를 맺을 수 있다. 그러기에, 우리는 때때로 반드시 나만의 시간을 가져야 한다.

관계는 훈련이다

우리는 혼자서는 살 수 없다. 누군가와 관계를 맺고 살아가야 한다. 우리 삶은 관계로 시작해서 관계를 맺고 살다가 관계로 끝난다. 시작과 과정과 끝도 모두 관계다. 우리는 태어나자마자 어머니와 관계를 맺고, 살아가면서 여러 사람과 관계를 맺고, 죽으면 천국에서 삼위 하나님과 구원받은 모든 성도와 또 새로운 관계를 맺게 된다. 마틴 부버의 말대로 우리는 관계를 통해서만 나답게 되며, 그렇게 나답게 되어야만 또 상대와 성숙한 관계를 맺을 수 있다. 우리는 관계를 통해 나 자신과 상대를 더 깊이 알아가고, 그래서 성장해 갈 수 있다.

오늘은 익명성의 시대답게 우리는 여러 수단을 통해 여러 사람과 관계를 맺을 수 있다. 그러나 그러한 관계는 대부분 피상적이거나 일시적이다. 우리는 수많은 사람과 관계를 맺고 살아갈 수도 없고, 또 그렇게 할 필요도 없다. 성경에 따르면, 모든 인간관계의 핵심은 결국 두 사람 또는 세 사람의 관계로 압축된다. 그래서 우선 두 사람, 특히 세 사람의 관계 훈련에 집중하라. 그리고 그것을 또 다른 사람과의 관계 훈련 속에서 계속 확장해 가라.

아무리 오랜 시간이 지나도 일상적인 만남으로는 그 사람의 참된 됨됨이나 성품을 알 수 없다. 어떤 일이든 그것을 함께 하면서 서로 깊이 교제할 때 비로소 그것을 알 수 있다. 신프로이트학파의 주요 멤버였던 에리히 프롬은 내가 거리를 둔 관찰자인 한, 그에 대해 알 수 있는 것은 표면적인 행동뿐이며, 그와 관련을 갖는 구체적인 상황 속에서만 그를 온전히 이해할 수 있다고 했다.[4] 그러므로 나 자신과 상대의 성장을 위해 어떤 일이나 모임이든 두 사람, 특히 세 사람과 그것을 함께 하며 구체적인 상황 속에서 관계 훈련에 집중하라.

관계는 사명이다

하나님은 레위와 생명과 평강의 언약을 맺었다. 그리고 레위 제사장들은 그에 반응하여 두 가지 일에 유념해야 했다. 하나는 화평함과 정직함으로 그분과 동행하는 것이고, 또 하나는 많은 사람을 돌이켜 죄악에서 떠나게 하는 것이다(말 2:6). 그러나 이것은 관계없이는 불가능하다. 그분과도 많은 사람과도 결국 관계다.

먼저 하나님과 온전한 관계를 회복해야 한다. 그리고 그분과 온전한 관계를 회복한 사람은 세상으로 나아가야 한다. 그것은 한마디로 다른 사람과의 관계의 세계다. 그것은 관계의 확장이다. 그 관계의 확장이 곧 문화명령이자 지상대위임령이다. 우리는 모든 사람과 성숙한 관계를 맺어 '하나님 나라'를 땅끝까지 확장해 가야 한다.

왜 관계에서 갈등과 상처가 생기는가? 그것은 우리가 무엇보다 하나님의 뜻에 관심이 없기 때문이다. 내 생각이 앞서고 내 이기적인 유익을 앞세우기 때문이다. 그때 관계는 깨어지기 시작한다. 그리고 한번 깨어진 관계에서 경험한 갈등과 상처는 내게 쓴 뿌리가 되어, 그것이 또 다른 사람과 관계를 어렵게 한다. 그와 갈등을 겪지도 않고, 그에게 상처를 주지 않고 받지 않아야 한다. 그렇게 하려면, 나와 그 사이에 내 입장만 생각하는 그 어떤 이기적인 장애물도 없어야 한다. 내 입장만 앞세우면 그에게 상처를 주기 쉽고, 또 그렇게 하면 내 입장이 받아들여지지 않을 때 쉽게 상처를 받는다.

모든 사람과 성숙한 관계를 맺는 것은 훈련 없이는 불가능하다. 관계에서 한 번도 갈등을 겪지도 않고, 한 번도 상처를 주지 않거나 받지 않을 수는 없다. 상처를 주거나 받기도 하겠지만, 그것을 통해 점차 성숙한 관계를 맺어 가야 한다. 우리는 모두 다 성령 안에서 하나님이 거할 처소가 되기 위해 '예수님 안'에서 함께 지어져 간다(엡 2:22). 서로 다듬어져 가고 지어져 가는 것이 우리의 정체성이다. 우리는 모두 다 그 과정에 있다. 그것이 곧 관계 훈련이다. 그리고 이 훈련을 잘 수행한 사람만이 지상대위임령의 사명을 잘 감당할 수 있다.

CONTENT

Chapter 1

하나님과
온전한 관계를 회복하라!

잠언 16:7

"사람의 행위가 여호와를 기쁘시게 하면
그 사람의 원수라도 그와 더불어 화목하게 하시느니라."

마틴 부버

"공동체는
살아 있는 상호 관계로부터 세워지지만
그러나 그것을 세우는 것은
저 살아서 역사하는 중심, 그 자체인 것이다."

우리는
각자 하나님을 인격적으로 만나
그분과 먼저 온전한 관계를 회복할 때
우리가 관계하는 사람에게서 그분의 형상을 발견하고,
그래서 그를 존중하며 세우고 나 자신도 세울 수 있다.

모든 관계의 원천

모든 관계는 공동체적이다. 그리고 그것의 가장 기본적인
관계인 '나-너'는 다른 모든 관계를 이해하는 핵심이다. 마
틴 부버의 말대로 우리는 상대인 '너'를 '그것'으로 대상화
하여 경험하거나 이용하지 않고, 우리의 온 존재를 기울여
'너'와 관계를 맺고 그를 '너'로 세워 줄 때 '나'도 참답게 세
워질 수 있다. 관계에서 서로 행복을 느끼게 되는 것이다.
그가 행복해해서 좋고 그래서 나도 행복해진다. 그런데 그
렇게 하기 위해서는 우리가 각자 '영원한 너', 곧 마틴 부버
가 말하는 바, "살아 있는 중심"인 하나님과 먼저 온전한 관
계를 회복해야 한다.

참된 공동체는 다음과 같은 두 가지 것, 즉 모든 사람이 하나의 살아 있는 중심에 대하여 살아 있는 상호 관계에 들어서는 일, 그리고 그들끼리 서로 살아 있는 관계에 들어섬으로써 이루어진다. (…) 공동체는 살아 있는 상호 관계로부터 세워지지만 그러나 그것을 세우는 것은 저 살아서 역사하는 중심, 그 자체인 것이다.[5]

우리는 상대와 온전한 관계를 맺어야 하고, 또 그분이 그것을 가능하게 하지만, 우리가 각자 그분과 먼저 온전한 관계를 회복해야 한다.

우리는 다 하나님의 소생이다(행 17:29). 특히 그리스도인은 그분의 자녀다(롬 8:14). 로날드 사이더의 말처럼 그분은 우리를 그와의 올바른 관계만큼 우리의 안녕에 더 중요한 것은 아무것도 없는 존재로 만들었다.[6] 우리는 각자 그분을 인격적으로 만나 그분과 먼저 온전한 관계를 회복할 때 우리가 관계하는 사람에게서 그분의 형상을 발견하고, 그래서 그를 존중하며 세우고 나 자신도 세울 수 있다.

다만, 그분과의 관계는 결코 일시적인 것이 아니라, 우리의 온 마음과 정성과 뜻을 다해 우리가 항상 지속적으로 추구해야 한다. 이 사실을 잊거나 아니면 외면하고 다른 사람과 관계를 세우려는 모든 노력은 피상적일 수밖에 없다. 그것은 일시적으로는 더없이 화평하고 온전해 보일 수 있지만, 언젠가는 깨어지고 만다.

지금 내가 그리스도인이 아니라면 그래서 하나님과 먼저 온전한 관계가 회복되지 않았다면, 다른 사람과의 관계도 결코 온전할 수 없다. 정도의 차이는 있겠지만, 그것은 마틴 부버의 말대로 상대를 '그것'으로 대상화하여 경험하거나 이용하는 관계일 뿐이다. 그러나 지금 내가 그리스도인이라면 그래서 단지 교회에 다니는 것이 아니라 하나님을 인격적으로 만나 그분과 먼저 온전한 관계가 회복되었다면, 그때 우리는 비로소 다른 사람과 관계를 시작할 바탕이 마련되었다고 할 수 있다. 그것은 그분과의 온전한 관계 회복이 결코 일시적인 것이 아니라 우리가 우리의 온 마음과 정성과 뜻을 다해 항상 지속적으로 추구해야 하는 것이듯이, 다른 사람과의 관계도 우리가 우리의 온 존재를 기울여 항상 지속적으로 추구해야 하는 것이기 때문이다.

대조되는 사례들

아담과 하와는 범죄한 뒤에 하나님을 두려워하여 동산 나무 사이에 숨었다. 그들이 범죄하자, 이렇게 가장 먼저 그분과 그들의 관계가 깨어졌다. 그리고 그들 간의 관계도 깨어졌다. 그분은 범죄한 아담에게 먼저 찾아와서, 그가 한 잘못을 다시 확인했다. 그러자 아담은 그 책임을 하와에게 돌렸다. "하나님이 주셔서 나와 함께 있게 하신 여자 그가 그 나무 열매를 내게 주므로 내가 먹었나이다."(창 3:12) 그분은 그가 혼자 사는 것이 좋지 않아 그를 돕는 배필로 그녀를 그에게 주었지만, 그는 그렇게 한 그분을 오히려 원망하듯 그녀에게 모든 책임을 돌렸다. 그 이후, 우리의 삶 곳곳에서 서로 관계가 깨어져 고통당하는 소리가 들려온다.

다른 사람과 관계를 회복하려면 하나님과 먼저 온전한 관계를 회복하라. 아브라함은 무엇보다 그분을 잘 섬겼다. 또한 그는 갈대아 우르에서 가나안 땅에 이주해 온 나그네로서 그곳 가나안 사람들을 잘 섬겼다. 그러자, 그곳에 사는 아비멜렉과 그의 군대 장관 비골이 그를 찾아와서 이렇게 말했다. "네가 무슨 일을 하든지 하나님이 너와 함께 하시도다."(창 21:22) 그리고 아비멜렉은 그에게 나와 내 아들과 내 손자에게 거짓되게 행하지 않고 이 땅을 후대하라고 부탁한다. 그 땅의 주인인 그가 나그네인 아브라함에게 그렇게 부탁했다. 그는 아브라함을 "우리 가운데 있는 하나님이 세우신 지도자"(창 23:6)로 인정했다. 이후, 아브라함의 아들 이삭도 그것을 똑같이 경험했다. 그리고 야곱의 아들 요셉도 애굽에서 바로와 애굽 사람들에게 똑같이 그것을 경험했다. 그것은 그들 모두 하나님을 잘 섬기며 그분과 먼저 온전한 관계를 회복했고, 그리고 그런 믿음으로 그곳 사람들을 잘 섬겼기 때문이다.

유다 왕 아하시야가 죽자, 그의 어머니 아달랴가 왕의 자손을 다 멸절하고 왕권을 잡았다. 다행히 아하시야의 누이 여호세바가 아하시야의 아들 요아스를 구해 내어, 그와 그의 유모를 침실에 숨기고 이후 그 둘이 육 년 동안 성전에 숨어 있게 했다. 그리고 일곱째 해가 되자 대제사장 여호야다가 백성의 지도자들과 연합하여 요아스를 다시 왕으로 세운다. 이때 여호야다는 그와 백성이 함께 하나님과 먼저 언약을 맺고, 그러고 나서 그와 백성 사이에도 언약을 세웠다(왕하 11:17). 그들이 각자 그분과 먼저 관계가 온전해야 그들 간의 관계도 온전할 수 있기 때문이다.

다른 사람과 관계가 깨어졌는가? 그렇다면 내가 하나님과 온전한 관계 안에 있는지 확인하라. 그리고 조금이라도 부족한 것이 있다면 그 깨어진 관계를 먼저 온전히 회복하라. 그래서 성경은 이렇게 말한다. "사람의 행위가 여호와를 기쁘시게 하면 그 사람의 원수라도 그와 더불어 화목하게 하시느니라."(잠 16:7) 만약 나는 그분과 관계에서 큰 문제가 없다면 상대를 위해 기도하라.

그분의 말씀에 순종해야

그렇다면 어떻게 그분과 온전한 관계를 회복할 수 있는가? 그것은 그분의 말씀이다. 그분의 말씀이 그와 우리의 관계를 온전하게 한다. 그분의 말씀은 완전하여 우리 영혼을 소성시키고, 그것은 확실하여 우둔한 사람을 지혜롭게 하며,

그것은 정직하여 우리 마음을 기쁘게 하고, 그것은 순결하여 우리 눈을 밝게 한다(시 19:7-8). 그분의 말씀으로 영혼이 소성된 사람이, 지혜로운 사람이, 마음이 기쁜 사람이, 영혼의 눈이 밝은 사람이 그분과 관계를 온전하게 한다. 그리고 그렇게 그분의 말씀으로 그와 온전한 관계를 회복한 사람은 다른 사람과도 성숙한 관계를 맺을 수 있다.

그분과의 관계는 결코 일시적인 것이 아니라 항상 지속되어야 한다고 했다. 항상 그분의 말씀을 읽고 묵상하며 그 말씀에 순종하라. 이 세상 광야에서 우리가 가장 유의해야 할 일은 항상 그분의 말씀에 겸손하게 순종하는 것이다. "네 하나님 여호와께서 이 사십 년 동안에 네게 광야 길을 걷게 하신 것을 기억하라, 이는 너를 낮추시며 너를 시험하사 네 마음이 어떠한지 그 명령을 지키는지 지키지 않는지 알려 하심이라."(신 8:2). 그리고 그것의 결국은 우리에게 복이다(신 8:16).

말씀에 순종할 때 우리는 그분을 사랑할 수 있고 또 다른 사람을 거짓 없이 사랑할 수 있다. "너희가 진리를 순종함으로 너희 영혼을 깨끗하게 하여 거짓이 없이 형제를 사랑하기에 이르렀으니 마음으로 뜨겁게 서로 사랑하라."(벧전 1:22)

인류 역사는 한마디로 아담과 하와의 범죄 때문에 하나님과 관계가 깨어지고, 예수님의 구속 사역으로 말미암아 그 깨어진 관계를 회복하는 것으로 요약할 수 있다. 예수님은 진리의 말씀이다. 하나님과 우리의 관계, 교제, 그리고 사귐은 그분과 그의 아들 예수님과 더불어 누리는 것이다(요일 1:3). 그리고 우리는 예수님의 진리의 말씀에 순종할 때 우리가 관계하는 모든 사람과도 그 누림을 풍성하게 할 수 있다.

Chapter 2

내 위치를
정확하게 확인하라!

창세기 3:9

"여호와 하나님이

아담을 부르시며 그에게 이르시되

네가 어디 있느냐."

하나님 앞에서,
그리고 다른 사람과의 관계에서
내 위치를 정확하게 알고
그에 따라 내게 주어진 역할을 잘 감당하는 것이
관계의 지혜다.

나의 정체성

우리는 예수님을 믿고 의지하며 그 안에 있을 때 비로소 하나님 앞에서 온전해질 수 있다고 했다. 우리가 여러 가지로 부족해도, 그분은 '예수님 안'에서 우리를 온전하다고 본다. 이것을 아는 사람은 그분과 다른 사람 앞에서 겸손할 수밖에 없다. 그리고 이 겸손이 상대를 세우고 나를 세운다.

하나님 앞에서만 나 자신을 가장 정확하게 알 수 있다. 그래서 항상 그분의 말씀에 나 자신을 비춰 보며, 나 자신이 어떤 존재인지 정확하게 알아야 한다. 이것이 곧 나의 정체성이다. 그분은 범죄한 아담에게 가장 먼저 "네가 어디에 있느냐."(창 3:9)고 물었다. 네가 누구이며, 무엇을 했느냐는 물음이었다. 한마디로, 이제 너는 내 말씀에 불순종한 죄인이며, 그래서 이제 너는 영원한 죄의 형벌 아래 놓여 있다는 사실을 아느냐는 지적이었다.

우리도 마찬가지다. 우리도 우리 자신의 죄 때문에 죽을 수밖에 없는 죄인이다. 그분이 보기에 내 행위는 모두 다 죄로 오염되어 있다. 우리는 노아 시대 사람들과 크게 다르지 않다. "여호와께서 사람의 죄악이 세상에 가득함과 그의 마음으로 생각하는 모든 것이 항상 악할 뿐임을 보시고"(창 6:5). 우리 마음은 만물보다 거짓되고 심히 부패하다(렘 17:9). 이것을 아는 것이 참된 겸손이다.

다윗이 위대한 것도 그가 그것을 정확하게 알았기 때문이다. 그는 밧세바를 범하고 또 하나님께도 그에게도 신실했던 그녀의 남편 우리아까지 죽였다. 그러나 선지자 나단을 통해 그분께 책망을 받자, 그는 곧 회개한다(삼하 12:13상). 그러자 그분도 곧 그를 용서했다(삼하 12:13하). 그는 그분 앞에서 자신이 얼마나 큰 죄인인지 정확하게 알았다. 사도 바울도 그것을 알았기에 나는 죄인 가운데 괴수라고 고백했다(딤전 1:15).

한순간도 이것을 잊으면, 다른 사람과의 관계도 온전할 수 없다. 욥의 세 친구 엘리바스와 빌닷과 소발을 보자. 그들은 모두 다 자기들은 하나님 앞에서 의인이고 욥은 죄인이라고 생각했다. 그래서 그를 정죄했으니, 그와 관계가 온전할 수 없었다. 하지만 엘리후는 달랐다. 그는 욥과 욥의 세 친구를 비롯하여 자신 또한 그분 앞에서 죄인임을 정확하게 알았다(욥 34:37). 그래서 그는 그분께 인정을 받고, 욥과도 관계가 깨어지지 않았다.

우리는 모두 다 연약하다. 그래서 다른 사람에게 상처를 줄 수도 있고 받을 수도 있다. 그러나 그분 앞에서 나 자신을 정확하게 아는 사람은 다른 사람에게 상처를 주었을 때 그것을 진심으로 회개하며 그에게 사과한다(마 5:23-24). 그리고 상처를 받았을 때도 잠시 힘들어할 수는 있지만 곧 그분을 의지하며 회복한다. 그것은 내게 상처를 준 사람의 연약함만 생각하지 않고, 나 자신의 연약함도 생각하기 때문이다. 우리에게는 이러한 회복탄력성(回復彈力性)이 절실히 필요하다.

하지만 어떤 사람들은 가인의 후손 라멕처럼 행동한다. 다른 사람에게 상처를 주고서도 오히려 자기 자신을 합리화한다. "가인을 위하여는 벌이 칠 배일진대 라멕을 위하여는 벌이 칠십칠 배이리로다."(창 4:24) 그리고 상처를 받으면 곧 그에게 앙갚음을 한다. "나의 상처로 말미암아 내가 사람을 죽였고 나의 상함으로 말미암아 소년을 죽였도다."(창 4:23) 그래서 지금 이 순간에도 많은 사람이 관계에서 생기는 갈등과 상처 때문에 힘들어하고 있다.

내 역할에 충실해야

어떤 만남과 교제도 마음의 준비가 있어야 하고, 신중해야 한다. 아무리 가벼운 일상적인 만남도 그렇다. 그렇게 하는 것이 서로에게 유익하다. 되는 대로, 무턱대고 만나 교제하는 것이 아니다. 어떤 만남과 교제도 내게 주어진 역할이 있기 때문이다. 우리가 다른 사람에게 상처를 주는 이유는 대부분 그 역할을 잘 모르고, 또 그것을 알고 있다고 하더라도 그것에 충실하지 않기 때문이다.

사사 시대를 살았던 나오미와 룻과 보아스를 보자. 나오미는 이방 땅 모압에서 남편과 두 아들을 모두 잃었다. 그녀가 다시 이스라엘 땅으로 돌아가려고 하자, 첫째 며느리 오르바는 그녀의 요구대로 그녀를 떠나 모압에 남았지만, 둘째 며느리 룻은 아무것도 가진 것이 없는 그녀를 끝까지 따랐다. 만약 룻조차 그녀를 떠났다면 그녀는 아마 자신의 말과 달리 많은 상처를 받았을 것이다. 하지만 룻은 홀로된 시어머니를 자신이 당연히 섬겨야 한다고, 그리고 그것이 자신의 역할이라고 생각했다. 이후, 보아스도 '기업 무를 자'로서 나오미의 기업을 잇고 그 룻을 아내로 맞이함으로써 자신의 역할에 충실했다. 그 결과, 보아스와 룻은 다윗의 조상이 되고, 예수님은 그 다윗의 자손으로 이 세상에 와서 우리를 위해 구속 사역을 온전히 성취했다.

다윗과 요나단을 보자. 만약 요나단이 다윗을 자신의 지위를 위협하는 적수로 여겼다면 어떻게 되었을까? 아마 다윗은 왕이 되기까지 더 많은 어려움을 겪었을 것이다. 하지만 요나단은 하나님이 다윗을 자기 아버지 사울을 이어 왕으로 세울 것임을 알았다. 그래서 그는 사울 왕의 맏아들이라는 자신의 권위를 내려놓고 겸손하게 다윗을 섬겼다. "네 마음의 소원이 무엇이든지 내가 너를 위하여 그것을 이루리라."(삼상 20:4) "여호와께서 영원히 나와 너 사이에 계시고 내 자손과 네 자손 사이에 계시리라 하였느니라."(삼상 20:42) 다윗 또한 그 요나단 앞에서 경거망동하지 않았다. 그들은 각자 하나님 앞에서 그들 자신의 위치를 정확하게 알았고 그래서 자신의 역할에 충실했다. 사실 성경에서 그 둘의 관계처럼 아름다운 관계는 찾아보기 어려울 것이다.

바나바와 바울의 관계도 마찬가지다. 만약 바울에게 바나바가 없었다면 그의 사역도 많은 어려움을 겪었을 것이다. 그는 다메섹 도상에서 예수님을 만나고 나서 그분이 자신을 이방인의 사도로 세웠다는 사실을 알았다. 그러나 그가 예루살렘에 가서 제자들과 사귀려고 하자, 그들은 그를 두려워하며 그가 제자 됨을 믿지 않았다. 이때 바나바가 그를 그들에게 데리고 가서 그가 길에서 어떻게 주를 보았으며, 주가 그에게 어떻게 말했는지, 그리고 그가 다메섹에서 어떻게 주의 이름으로 담대히 말했는지 그들에게 자세히 설명했다. 만약 이때 바나바가 이렇게 하지 않았다면 그는 사도들과 교제할 수 없었을 것이고, 그래서 그의 사역도 많은 우여곡절을 겪었을 것이다. 하지만 바나바와 바울은 각자 자신의 위치에서 자신의 역할에 충실하여 하나님의 뜻을 이루었다.

안디옥교회가 부흥한 것도 바울을 그곳에 데려온 바나바의 역할이 컸다. 안디옥에서 수많은 사람이 주를 믿고 돌아오자, 예루살렘교회가 이 소문을 듣고 그곳에 바나바를 보냈다. 그리고 바나바가 오자 큰 무리가 또 주께 더해졌다. 그때, 바나바는 다소에 있던 바울을 데리고 와서 함께 사역하며 더 큰 열매를 거두었다. "둘이 교회에 일 년간 모여 있어 큰 무리를 가르쳤고 제자들이 안디옥에서 비로소 그리스도인이라 일컬음을 받게 되었더라."(행 11:26)

이보다 더 중요한 사실이 있다. 안디옥교회가 부흥한 것은 이처럼 바나바와 바울의 역할도 컸지만, 실은 성경에 이름도 기록되지 않았지만 자신의 역할에 충실한 몇 사람이 있었기 때문이다. "그때에 스데반의 일로 일어난 환난으로 말미암아 흩어진 자들이 베니게와 구브로와 안디옥까지 이르러 유대인에게만 말씀을 전하는데, 그 중에 구브로와 구레네 몇 사람이 안디옥에 이르러 헬라인에게도 말하여 주 예수를 전파하니, 주의 손이 그들과 함께 하시매 수많은 사람들이 믿고 주께 돌아오더라."(행 11:19-20) 이들 몇 사람은 안디옥교회가 부흥하며 세계 선교의 전초 기지가 되는 데 초석을 놓았다. 이것은 그들이 자신의 위치에서 자신의 역할에 충실했기 때문에 가능했다.

관계의 미덕

예수님과 세례 요한은 그 대표적인 예다. 그들은 각자 자신의 위치에서 자신의 역할에 충실하여 하나님의 의를 이루었다. "이제 허락하라, 우리가 이와 같이 하여 모든 의를 이루는 것이 합당하니라."(마 3:15) 그리고 그분의 이 요구대로 세례 요한이 그분께 세례를 베풀고, 그분이 물 위로 올라오자, 하늘이 열리고 성령이 비둘기같이 내려 그분 위에 임했다. 우리도 어떤 상황에서든 각자 자신의 위치를 정확하게 알고 그에 따라 자신의 역할을 충실하게 감당한다면 다른 사람과의 관계도 온전해질 것이다.

어떤 만남과 교제도 우리 각자에게 주어진 위치와 역할이 있다. 내 신분, 지위, 처지 등, 한마디로 내 위치에 따라 내가 감당해야 할 역할이 다 다르다. 다른 사람과의 관계에서 내 위치를 정확하게 알고 그에 따라 내게 주어진 역할을 잘 감당하는 것이 관계의 지혜다. 하나님이 우리에게 바라는 것도 바로 이것이다. 그것은 곧 관계의 미덕이다. 이 미덕이 상대를 세우고 나를 세운다.

Chapter 3

부러워하거나
시기하지 말라!

야고보서 3:16
"시기와 다툼이 있는 곳에는
혼란과 모든 악한 일이 있음이라."

내가 갖지 않은 것을 가진 사람을 부러워하거나 시기하면,
그때부터 나는 스스로 위축된다.
그 결과, 그와 온전한 관계를 맺기 어렵다.

시기, 불완전한 관계의 기초

창세기 1장에서 3장까지는 천지 만물의 창조와 함께, 인류
의 조상 아담과 하와의 범죄와 또 그들을 구속할 '여자의
후손'(메시아/그리스도)에 관한 기사가 나온다. 그리고 곧
이어 4장에서 우리는 인류 최초의 살인 사건을 목격하게
된다. 그것은 시기 때문이었다. 시기는 이처럼 우리에게
뿌리가 깊다.

  가인은 시기 때문에 동생 아벨을 죽였다. 시기는 이렇게
관계를 철저히 깬다. 모든 관계에서 시기는 금물이다. 아
낌없이 그를 섬겨도 그와 관계가 온전해지려면 노력과 시

간이 필요한데, 하물며 그를 부러워하거나 시기하면서 어떻게 그와 온전한 관계를 기대할 수 있을까….

"사람이 모든 수고와 모든 재주로 말미암아 이웃에게 시기를 받으니 이것도 헛되어 바람을 잡는 것이로다."(전 4:4) 시기는 시기하는 사람과 시기 받는 사람 모두에게 무익하다. 시기는 그 어떤 관계도 온전하게 할 수 없다. 아브라함의 두 아내 사라와 하갈(창 16장), 야곱의 두 아내 레아와 라헬(창 29-30장), 그리고 엘가나의 두 아내 브닌나와 한나의 관계를 보자(삼상 1장). 아브라함과 사라는 그 둘의 관계도 어려웠지만 그들은 결국 하갈과 헤어져야 했고, 레아와 라헬 그리고 브닌나와 한나도 비록 한때이긴 하지만 바람 잘 날이 없었다.

모세가 구스 여자를 취하자, 미리암과 아론은 그를 시기하여 그를 비방했고, 고라와 다단과 아비람도 그를 시기하여 그의 지도권에 도전했다(민 16장). 이 일로 미리암은 하나님께 징계를 받아 나병에 걸렸고(민 12장), 고라와 다단과 아비람도 그의 집안의 모든 것과 함께 땅에 수장되는 징계를 받았다.

바리새인과 서기관들도 예수님을 시기하여 그분을 십자가에 못 박아 죽였다. "시기와 다툼이 있는 곳에는 혼란과 모든 악한 일이 있음이라."(약 3:16) 우리는 본질적으로 이기적이다. 이런 우리에게 시기는 아주 뿌리가 깊기 때문에 항상 그것을 경계하라. "헛된 영광을 구하여 서로 노엽게 하거나 서로 투기하지 말지니라."(갈 5:26) 돈이든 명예든 권력이든 그 무엇이든 내가 갖지 않은 것을 가진 사람을 부러워하거나 시기하면, 그때부터 나는 스스로 위축된다. 그 결과, 그와 온전한 관계를 맺기 어렵다.

각자의 몫

왜 내가 갖지 않은 것을 가진 사람을 부러워하거나 시기할까. 그것은 한마디로 내가 왜 이 세상에 사는지 그 목적을 분명하게 알지 못하기 때문이다. 수많은 사람이 오직 이 세상에서 자기 이름을 내고 자신의 영광을 얻기 위해 살아가지만, 참된 그리스도인은 하나님의 영광을 위해 산다.

만물이 다 우리 것이다(고전 3:21). "세계나 생명이나 사망이나 지금 것이나 장래 것이나 더 너희의 것이요"(고전 3:22). 교회 곧 그리스도인들은 그 만물 위에 있고, 예수님은 그 교회의 머리로서 만물을 다스리고 있다(엡 1:22). 그래서 우리는 세상 사람들과 성공의 기준이 달라야 한다. 얼마나 많은 돈을 벌고, 얼마나 높은 명예를 얻고, 얼마나 성공하느냐가 아니라, 그들에게 얼마나 복음을 전하며 내가 가진 것으로 그들을 얼마나 섬기느냐가 성공의 기준이 되어야 한다.

우리의 참된 기업은 하나님이다. 구약 시대 레위인은 오늘의 우리를 대표하는데, 그들은 그분을 참된 기업으로 삼고 그분이 주는 것으로 만족했다(민 18:23-24). 그리고 그들은 제사장 그룹과 일반 레위인으로 구분되었는데, 그들에게 주어지는 몫이 달랐다(레 7:33-34). 그분은 우리에게도 각각 다르게 몫을 주었다. 야곱도 그분의 은혜에 따라 그의 열두 아들에게 각각 그들의 분량대로 축복했다(창 49:28).

제사장이라고 해서 반드시 더 많은 복을 받는 것도 아니고, 일반 레위인이라고 해서 반드시 더 적은 복을 받는 것도 아니다. 달란트 비유에서처럼 각자가 자신의 몫에 충실하여 많은 열매를 맺으면, 그것이 그분께 큰 영광이 되고 그에게도 큰 복이 된다.

우리도 각자 그분께 받은 몫이 있고, 그래서 각자 가야 할 길이 있다. 다른 사람과 비교하지 말라. 비교하는 순간, 내가 갖지 않은 것을 가진 사람을 부러워하거나 시기할 수밖에 없다. 내게 부족한 것이 있다면 그것을 얻기 위해 최선을 다하되, 또한 각자 그분께 받은 몫이 있다는 것을 생각하라. 야베스가 그것을 알고 이렇게 기도했다. "주께서 내게 복을 주시려거든 나의 지역을 넓히시고 주의 손으로 나를 도우사 나로 환난을 벗어나 내게 근심이 없게 하옵소서 하였더니 하나님이 그가 구하는 것을 허락하셨더라."(대상 4:10) 나는 모르지만, 주께서 내게 합당한 몫을 은혜로 베풀어 달라는 것이다. 내게 합당한 몫 곧 내게 주어진 일에 최선을 다하여 그분께 영광을 올려 드리자. 이것이 가장 복된 것이다.

관계는 사명이라고 했다. 우리는 이 관계를 통해 수많은 사람을 그분께 인도할 책임이 있다. 우리는 만인 제사장으로서 우리가 무슨 일을 하든 그 일을 통해 그분께 영광을 올려 드려야 한다. 세상 사람들이 자기 영광을 위해 구축해 놓은 그 모든 것은 예수님이 재림할 때 모두 다 흔적도 없이 사라지겠지만, 오직 그분의 영광을 위해 일한 것은 영원히 그분께 기억될 것이다. 이것을 알면 내가 갖지 않은 것을 가진 사람을 부러워하거나 시기할 수 없다. 오히려 내 일에 최선을 다하되, 그도 자신의 역할에 충실하도록 그를 진심으로 축복해 준다.

헛된 자랑

항상 말씀의 반석 위에 서서 흔들리지 않고 믿음 생활을 하는 사람을 보면, 잔잔한 은혜가 있다. 그는 그가 한 일을 떠벌리거나 자랑하지도 않는다. 참된 그리스도인은 이 세상의 그 어떤 것을 가졌다고 해서 그것을 떠벌리거나 자랑하지 않는다. 그럴수록 오히려 더 겸손하다. 그것이 모두 다 하나님의 은혜의 선물임을 잘 알기 때문이다. 이 세상의 그 어떤 것도 결코 자랑하지 말라. 자랑하는 것이 바로 교만이며, 그것이 관계를 깬다.

　자기 자랑, 한마디로 세상 자랑은 시기를 불러온다. 요셉은 그만 특별히 채색옷을 입을 정도로 아버지 야곱의 사랑을 받았다. 그는 물론 하나님의 섭리 아래 있었지만, 만약 그가 아버지에게 형들의 잘못을 고자질하지 않았다면, 그리고 그가 두 번이나 꿈을 꾸고 나서 장차 아버지와 어머니 그리고 형들이 모두 다 그에게 엎드려 절할 것이라는 사실을 형들에게 떠벌리지 않았다면, 그의 인생은 다른 행로를 걸었을 것이다. 자기 자랑, 세상 자랑은 어리석은 것이다. "우리는 자기를 칭찬하는 어떤 자와 더불어 감히 짝하며 비교할 수 없노라, 그러나 그들이 자기로써 자기를 헤아리고 자기로써 자기를 비교하니 지혜가 없도다."(고후 10:12)

　자기 자랑은 말세의 한 징조다(딤후 3:2). 참된 사랑은 자기를 자랑하지 않는다(고전 13:4). 자랑하는 것은 죄다(롬 1:30). "자랑하는 자는 주 안에서 자랑할지니라, 옳다 인정함을 받는 자는 자기를 칭찬하는 자가 아니요 오직 주

께서 칭찬하시는 자니라."(고후 10:17-18)

하나님을 아는 것과 그분의 말씀대로 사는 것을 자랑
하라. "자랑하는 자는 이것으로 자랑할지니 곧 명철하
여 나를 아는 것과 나 여호와는 사랑과 정의와 공의를 땅
에 행하는 자인 줄 깨닫는 것이라, 나는 이 일을 기뻐하노
라."(렘 9:24) 그래서 사도 바울은 내게는 우리 주 예수 그
리스도의 십자가 외에는 결코 자랑할 것이 없다고 했다(갈
6:14). 그는 그리스도 예수로 자랑하고(빌 3:3), 나를 위해
서는 약한 것들 외에 자랑하지 않겠다고 했다(고후 11:30).

Chapter 4

조금도 기대하지 말고
섬겨라!

누가복음 6:34-36

"너희가 받기를 바라고 사람들에게 꾸어 주면
칭찬받을 것이 무엇이냐, 죄인들도 그만큼 받고자 하여
죄인에게 꾸어 주느니라,
오직 너희는 원수를 사랑하고 선대하며
아무것도 바라지 말고(아무에게도 실망하지 말고) 꾸어 주라,
그리하면 너희 상이 클 것이요 또 지극히 높으신 이의 아들이 되리니
그는 은혜를 모르는 자와 악한 자에게도 인자하시니라."

존 비비어

"그들은 자신들이 섬기기 위해서 자유로워졌다는 것을
깨닫지 못한다. 그래서 다른 사람들의 이익보다는
자기 자신의 이익을 위하여 계속 싸운다."

내가 그에게서 조금이라도 기대한다면
그와 온전한 관계가 지속될 수 없다.
거저 받았으니 거저 준다고 생각할 때
비로소 온전한 관계가 이루어진다.

이용하거나 지배하지 말라

마틴 부버의 말대로 우리는 상대인 '너'를 '그것'으로 대상화하여 이용하거나 지배하려는 성향이 있다. 마태복음 18장을 보면, 제자들이 예수님께 천국에서는 누가 크냐고 질문하는 내용이 나온다. 그것도 그분이 그들에게 두 번이나 자신의 죽음과 부활을 이야기하고 나서다. 그분은 그들을 위해 죽으려고 하는데, 정작 그들은 누가 천국에서 크냐고 묻고 있었다.

우리는 내 유익을 위해 다른 사람과 관계를 맺는 경우가 많다. 우리는 다른 사람보다 앞서기를 원하고, 그래서 어떻게 하든지 내 유익을 위해 그를 이용하거나 지배하려고 한다. 아담과 하와를 보자. 하나님은 아담을 창조하고 나서 그에게 그분이 창조한 모든 것을 잘 '다스리라'(섬기라)고 했다. 그리고 그분은 그가 혼자 사는 것이 좋지 않아 그를 위해 돕는 배필로 하와를 만들었다. 그러므로 그는 아내 하와를 그분의 말씀으로 잘 섬기고, 그녀 또한 돕는 배필로서 남편 아담을 잘 섬겼어야 했다. 그러나 그들은 그분의 말씀을 어겨 범죄했고, 그들 간에도 상대를 섬기기는커녕 각자 자기 욕심을 채우기 위해 상대를 이용하고 지배하려고 했다. "너는 남편을 원하고 남편은 너를 다스릴 것이니라."(창 3:16) 하와는 아담을 자기 생각대로, 또한 아담도 하와를 자기 생각대로 움직이려고 했다. 오늘도 바로 이 때문에 부부간에 많은 갈등이 있다.

아브라함과 사라도 보자. 사라는 자기 아들을 갖기 위해 아브라함을 유혹하여, 그가 그녀의 종 하갈을 취하게 했다. 그리고 아브라함은 위기 상황에서 자기 목숨을 구하기 위해 두 번이나 아내 사라를 누이라고 속여, 그녀가 다른 사람의 아내가 되게 할 뻔했다(창 12:11-13). 그의 아들 이삭도 역시 위기 상황에서 아내 리브가에게 그와 똑같이 행동했다(창 26:17).

예수님이 세 번째로 자신의 죽음과 부활을 이야기하자, 곧 사도 야고보와 요한의 어머니가 그분께 나아와 오히려 두 아들의 확고한 자리를 요구했다. "나의 이 두 아들을 주의 나라에서 하나는 주의 우편에, 하나는 주의 좌편에 앉게 명하소서."(마 20:21) 그리고 다른 제자들이 이 말을 듣고 야고보와 요한을 분하게 여기자, 그분은 그들에게 이렇게 말했다. "이방인의 집권자들이 그들을 임의로 주관하고 그 고관들이 그들에게 권세를 부리는 줄을 너희가 알거니와, 너희 중에는 그렇지 않아야 하나니 너희 중에 누구든지 크고자 하는 자는 너희를 섬기는 자가 되고, 너희 중에 누구든지 으뜸이 되고자 하는 자는 너희의 종이 되어야 하리라, 인자가 온 것은 섬김을 받으려 함이 아니라 도리어 섬기려 하고 자기 목숨을 많은 사람의 대속물로 주려 함이니라."(마 20:25-28)

아담과 하와, 아브라함과 사라, 이삭, 사도 야고보와 요한의 어머니 그리고 열두 제자에게서 보듯이, 우리는 내 유익을 위해 상대를 이용하거나 지배하려는 이기적인 본능이 있다. 다른 사람과 관계를 맺기 전에 먼저 그러한 마음이 있는지 점검하라. 조금이라도 그런 마음이 있다면 잠시 관계를 멈추라. 우리는 모두 다 본질적으로 이기적이기 때문에 상대도 금방 그것을 알아챈다. "물에 비치면 얼굴이 서로 같은 것 같이 사람의 마음도 서로 비치느니라."(잠 27:19) 그런 상황에서는 온전한 관계가 지속될 리가 없다. 온전하지 못할 관계를 시작할 이유는 없다.

소극적 관계: 기브 엔 테이크(Give & Take)

데일 카네기는 자기계발서의 원전이라고 해도 손색이 없는 그의 대표작 『인간관계론』에서 상대와의 관계에서 일을 성사시키려면 근본적으로 생각을 전환하라고 한다. 내 입장에서가 아니라, 그의 입장에서 그 일을 생각하라는 것이다. "사람을 움직이려면 상대가 원하는 것을 해 주는 게 유일한 방법이다."[7] 그에게 진심으로 관심을 갖고, 내가 원하는 것이 아니라 그가 원하는 것을 해 주라는 것이다. 그렇게 하는 것이 그에게도 이익이 되고 내게도 이익이 되기 때문이다.

나라 간의 외교는 기본적으로 기브 엔 테이크다. 주는 것이 있어야 받는 것이 있다. 받는 것이 있어야 주는 것이 있다. 일방적으로 주거나 일방적으로 받는 관계는 없다. 개인 간의 관계도 일반적으로 그렇다. 본질적으로 이기적인 우리의 특성상, 나는 손해만 보고 상대만 이익을 얻는 관계는 없다. 그리고 우리도 기브 엔 테이크에 익숙하다.

그와 관련하여, 마태복음 7장 12절은 그 유명한 황금률을 가르치고 있다. "무엇이든지 남에게 대접을 받고자 하는 대로 너희도 남을 대접하라, 이것이 율법이요 선지자니라." 이 말씀은 우리에게 기브 엔 테이크의 원칙을 정확하게 알려 준다. 관계는 대부분 일방적인 것이 아니라 상호적이다. 상대와의 관계에서 일반적인 것은 서로 '윈-윈' 하는 관계다. 관계의 목적은 서로 세워 가는 것이기에, 서로 '윈-윈' 할 수 있을 때 관계를 시작하는 것도 하나의 지혜다.

적극적 관계: 거저 받았으니 거저 주라

하지만 성경은 기브 엔 테이크에서 나아가 우리에게 더 적극적인 교훈을 한다. 받을 것을 기대하지 말고 그냥 주라는 것이다. "네게 구하는 자에게 주며 네 것을 가져가는 자에게 다시 달라 하지 말며"(눅 6:30). 거저 받았으니 거저 주라는 것이다(마 10:8). 내게 도로 갚음이 되지 않게 하는 것이 내게 참된 복이 된다는 것이다(눅 14:12-14).

내가 가진 모든 것은 하나님께 거저 받은 것이다. 거저 받은 것을 거저 준다고 생각하면 마음도 훨씬 자유로워진다. 상대에게 무언가를 기대하는 순간, 나와 그 사이에는 틈이 생긴다. 나는 거저 준다고 생각해도, 그는 '혹시 나를 이용하는 건 아닌가…' 의심하며, 끊임없이 내 의도를 저울질할 수 있다.

우리는 모두 다 본질적으로 이기적이어서 상대가 아무 대가 없이 내게 그냥 해 주기만을 바라는 성향이 있다. 그러니, 내가 그에게서 조금이라도 기대한다면 그와 온전한 관계가 지속될 수 없다. 거저 받았으니 거저 준다고 생각할 때 비로소 온전한 관계가 이루어진다. "너희가 받기를 바라고 사람들에게 꾸어 주면 칭찬받을 것이 무엇이냐, 죄인들도 그만큼 받고자 하여 죄인에게 꾸어 주느니라, 오직 너희는 원수를 사랑하고 선대하며 아무것도 바라지 말고(아무에게도 실망하지 말고) 꾸어 주라, 그리하면 너희 상이 클 것이요 또 지극히 높으신 이의 아들이 되리니 그는 은혜를 모르는 자와 악한 자에게도 인자하시니라."(눅 6:34-36)

기대하면 그만큼 상처도 크다. 받을 것을 기대하지 않고 거저 준다면, 나는 이미 승리했다. 상대에게서 대가를 받느냐 받지 않느냐는 전혀 고려 대상이 아니다. 존 비비어의 말대로 우리는 다른 사람을 섬기기 위해서 자유로워졌다.[8] "나와 같이 모든 일에 모든 사람을 기쁘게 하여 자신의 유익을 구하지 아니하고 많은 사람의 유익을 구하여 그들로 구원을 받게 하라."(고전 10:33) 이것은 내 힘만으로는 안 된다. 성령께 도움을 구해야 한다. 나는 성령의 도움을 받아 상대에게 거저 주는 사랑의 씨만 뿌리면 된다. 받는 것보다 주는 것이 복이 있다(행 20:35).

돈에 자유로워야

우리는 다 돈에 약하다. 성경은 돈을 빌려 주더라도 이자를 받지 말라고 한다(신 23:19). 하지만 신실했던 유다 총독 느헤미야도 하나님의 이 말씀을 어기고 이자를 받았다. 백성의 부역이 무거워, 그는 십이 년 동안 총독의 녹은 받지 않았지만(느 5:18), 이자를 받았다. 그리고 그가 이자를 받자 자기 형제와 종자들도 이자를 받았다. 가난한 백성이 부르짖자, 그제서야 그는 그것을 그쳤다(느 5:10).

우리는 다 자기를 사랑하고 돈을 사랑한다(딤후 3:2). 내 돈이 귀하면 남의 돈도 귀하게 여겨야 하지만, 우리는 남에게 베푸는 것보다 받는 것이 좋다. 하지만 돈에 자유롭지 못하다면 상대와 결코 온전한 관계를 맺을 수 없다. 커피숍 카운터 앞에서 쭈뼛대거나, 혹시 그곳에 들어갈 때부터 뒤로 물러서지는 않는가…. 형편과 상황에 따라 받을 때도 있겠지만, 다른 사람에게 먼저 커피 한 잔 사 줄 마음이 전혀 없다면 어떻게 그를 섬기며 그와 온전한 관계를 맺을 수 있을까….

요즘 일부 젊은이들은 더치페이를 선호한다. 친구가 식당에서 밥을 먹을 동안 자기는 밖에서 차를 마신다. 물론 과공(過恭)은 비례(非禮)일 수 있다. 너무 지나친 공경은 오히려 상대에게 부담을 줄 수 있다는 말이다. 그래서 그때의 형편과 상황을 잘 고려하되, 가능하면 먼저 사라.

사람 간의 신뢰는 돈을 거래해 보면 잘 알 수 있다. 상대와 온전한 관계를 바란다면 가능하면 그에게 돈을 빌리지 않는 것이 좋다. 그러나 만약 빌렸다면 반드시 갚아야 한다. 그리고 빌려줄 경우에도, 혹시 그가 갚지 않거나 갚지 못할까 봐 걱정되거나 또 그것 때문에 상처를 받을 것 같으면 아예 받을 것을 기대하지 말고 내가 할 수 있는 범위 내에서 그냥 주는 것이 좋다. 이것은 관계를 유지하는 데 서로에게 좋다.

주는 것에 익숙해야

예수님은 우리를 구원하기 위해 친히 자신의 생명까지 우리에게 아낌없이 주었다. 그리고 그분은 우리의 영적인 남편이고 우리는 그분의 영적인 아내다. 그분은 우리의 남편으로서 아내인 우리 모두를 교회로 삼고 우리를 아무 조건 없이 섬기고 있다. 우리도 다른 사람에게 그렇게 해야 한다. 우리는 그 어떤 이해관계도 없이 그를 세워 주어야 한다. 하나님은 우리 마음의 동기까지 감찰하는데, 내가 하는 일이 그분과 다른 사람을 아무 조건 없이 섬기는 것이 아니라 혹시 내 영광을 위한 것은 아닌지 항상 점검하라. "사람의 행위가 자기 보기에는 모두 정직하여도 여호와는 마음을 감찰하시느니라."(잠 21:2)

가정은 그분이 만든 최초의 공동체다. 가족 간의 관계도 항상 온전할 수는 없지만, 가정은 단순히 기브 엔 테이크로는 유지되기가 어렵다. 가정은 예수님처럼 테이크보다 기브에 익숙하다. 사회생활에서도 우리가 이처럼 기브에 익숙하다면 이 세상은 얼마나 아름다울까…. 예수님이 우리를 아무 조건 없이 섬기는 관계, 곧 서로 자발적인 희생과 헌신이 있을 때 이 세상은 아름다울 수 있다. 우리는 왕 같은 제사장으로서 다른 사람을 아무 조건 없이 잘 섬길 때 또한 선지자로서 그와 온전한 관계를 맺을 수 있다.

넉넉하다고 다른 사람에게 주는 것도 아니고, 반드시 넉
넉해서 주는 것도 아니다. 은혜로 그렇게 하는 것이다. "형
제들아 하나님께서 마게도냐 교회들에게 주신 은혜를 우
리가 너희에게 알리노니, 환난의 많은 시련 가운데서 그들
의 넘치는 기쁨과 극심한 가난이 그들의 풍성한 연보를 넘
치도록 하게 하였느니라."(고후 8:1-2)

마게도냐 교회들은 환난의 많은 시련 가운데서 그들의
기쁨이 넘쳤다. 하나님이 친히 그들과 함께하며 그들을 위
로했기 때문이다. 그리고 그들의 극심한 가난이 오히려 그
들의 풍성한 연보를 넘치게 했다. 이 역설을 이해하는 것
은 어렵지 않다. 극심한 가난을 겪어 본 사람만이 동일하
게 가난을 겪고 있는 사람의 마음을 진심으로 헤아릴 수
있기 때문이다. 그래서 마게도냐 교회들은 그들의 힘대로
할 뿐 아니라 그들의 힘에 지나도록 자원하여 예루살렘 교
회를 도왔다(고후 8:3). 우리는 마게도냐 교회들처럼 주는
것에 익숙해져야 한다.

이해타산을 앞세워 재거나 저울질하지 말라. 우리가 헤

아리는 그 헤아림으로 우리도 도로 헤아림을 받을 것이다. 우리는 예수님처럼 끊임없이 주는 것에 익숙해야 한다. 이 말씀을 기억하자. "주라 그리하면 너희에게 줄 것이니 곧 후히 되어 누르고 흔들어 넘치도록 하여 너희에게 안겨 주리라."(눅 6:38) 이것은 이 세상에서는 이루어지지 않을 수 있다. 그러나 천국에서는 반드시 그에 대한 상급이 있다(마 10:42). 나아가, 정말 하나님의 은혜를 아는 사람은 그것을 전혀 생각하지 않는다. 그저 받은 은혜에 감사하여, 다른 사람을 섬긴다. 그는 받는 것보다 그저 주고 베푸는 것에 익숙하다.

Chapter 5

배신하지 말라!

시편 55:12-13
"나를 책망하는 자는
원수가 아니라 원수일진대
내가 참았으리라,
나를 대하여 자기를 높이는 자는
나를 미워하는 자가 아니라 미워하는 자일진대
내가 그를 피하여 숨었으리라,
그는 곧 너로다
나의 동료 나의 친구요 나의 가까운 친우로다."

예레미야애가 1:2
"밤에는 슬피 우니
눈물이 뺨에 흐름이여
사랑하던 자들 중에
그에게 위로하는 자가 없고
친구들도 다 배반하여 원수들이 되었도다."

배신은
그것을 행하는 사람의 인격에 좋지 않은 흔적을 남긴다.
그리고 그것을 당하는 사람에게는 심각한 정신적 후유증을 남긴다.

본질적으로 이기적이고 연약한 우리에게는
불가근불가원의 원칙이
관계를 오래 지속할 수 있는 최선의 방법이다.
이것은 서로에게 유익하다.

배신의 역사

하나님은 아담과 하와를 위해 지상 낙원인 에덴을 만들고, 그곳에 그들이 살아가는 데 필요한 모든 것을 마련해 주었다. 그들은 단지 그분의 말씀에 순종하여 동산 가운데 있는 선악과만 먹지 않으면 되었다. 하지만 그들은 그분을 배신하여 그것을 먹었다.

그 이후, 인류 역사는 곳곳에서 배신으로 얼룩져 있다. 대표적으로 로마사를 보면, 여러 황제가 전임 황제를 배신하여 그를 죽이거나 그를 그 자리에서 내쫓았다.[9] 그리고 우리의 교훈을 위해 기록된 성경에서도 북이스라엘의 여러 왕이 그렇게 했다. 오늘에도 개인 간에 얼마나 많은 배신이 있는지 우리는 익히 알고 있다.

에스겔 2장 3-6절을 보면, 하나님과 다른 사람에 대한 죄곧 패역(悖逆)은 한마디로 배신하는 것이다. 그리고 배신하는 사람은 그 얼굴이 뻔뻔하고 그 마음이 굳어 있어서 가시와 찔레와 전갈처럼 상대를 찌르고 쏜다고 한다. 시편기자도 친구에게 배신을 당하고 나서 마음의 괴로움을 토로한다(시 55:12-15). 성경은 그 외에도 곳곳에서 그와 같은 배신의 아픔을 기록한다. "밤에는 슬피 우니 눈물이 뺨에 흐름이여 사랑하던 자들 중에 그에게 위로하는 자가 없고 친구들도 다 배반하여 원수들이 되었도다."(애 1:2) 배신은 이처럼 관계를 철저히 깬다.

예수님은 삼 년 동안 제자들을 정성껏 보살폈다. 그러나 그분이 십자가에 달리기 직전에 그들은 모두 다 그분을 배신하여 떠났다. 가장 힘든 시기에 정작 그분과 끝까지 함께 하는 제자는 아무도 없었다. 수제자 베드로는 자신을 저주하며 맹세하면서까지 그분을 부인했다.

가롯 유다가 그 대표적인 인물이다. 우리는 하나님과 재물을 겸하여 섬길 수 없다(마 6:24). 그러나 그는 무엇보다 돈을 사랑했다. 유월절 엿새 전에 예수님이 베다니에 갔을 때 마리아가 지극히 비싼 향유 한 근을 그분의 발에 붓고 자기 머리털로 그 발을 닦았다. 가롯 유다는 이를 보고 왜 이 비싼 향유를 팔아 가난한 자들에게 주지 않느냐며 그녀를 비방했다. 하지만 이는 그의 진심이 아니었다. "이렇게 말함은 가난한 자들을 생각함이 아니요 그는 도둑이라 돈궤를 맡고 거기 넣는 것을 훔쳐 감이러라."(요 12:6) 그는 정작 돈을 훔쳐 가려고 했다.

그는 또한 순수한 동기로 그분을 따르지 않았다. 그분이 정치적 메시아로서 장차 이스라엘의 왕권을 회복하면 그는 이 세상에서 자신의 영달을 추구하기 위해 그분을 따랐다. 그래서 그분이 여러 차례 자신의 죽음과 부활을 이야기하며 끝내 십자가에서 죽으려고 하자, 그는 대제사장들과 장로들에게서 은 삼십을 받고 그분을 배신하고 그분을 십자가에 내주었다.

가룟 유다에게서 보듯이, 돈을 사랑하는 것은 세상을 사랑한다는 말이다. 돈을 사랑하면 상대와 결코 온전한 관계를 맺을 수 없다. 또한 상대가 세상을 사랑하는데, 나도 그래서야 그를 섬기며 세울 수 없다. 그리고 가룟 유다처럼 나와 그 사이에 내 유익을 위해 그 어떤 이기적인 동기가 있다면 결코 그와 온전한 관계를 맺을 수 없다.

하지만 우리는 세상을 사랑할 때가 많고, 그래서 내 유익을 위해 내 이기적인 동기를 앞세울 때가 많다. 그래서 오늘도 사회생활과 사역 현장에서 가룟 유다처럼 한순간에 상대의 신뢰를 깨뜨리고 그를 배신하는 경우가 얼마나 많은가…. 배신이 흔할 뿐 아니라, 자신에게 유익이 없을 때는 가차 없이 관계를 정리한다. 배신은 말세의 한 현상이다(딤후 3:4).

상대에게 무언가를 기대하고 그와 관계를 맺는다면 결코 그와 온전한 관계를 맺을 수 없다고 했다. 그도 나를 부담스럽게 생각하겠지만, 나도 그가 조금이라도 내 기대에 어긋나면 쉽게 상처를 받을 수 있기 때문이다. 하지만 아무것도 기대하지 않고 섬겼는데도 배신하기도 한다. 배신은 그것을 행하는 사람의 인격에 좋지 않은 흔적을 남긴다. 그리고 그것을 당하는 사람에게는 심각한 정신적 후유증을 남긴다. 그것을 회복하는 데도 상당한 시간이 걸린다.

좋을 때는 누구나 서로 좋아할 수 있다. 하지만 누가 고난을 당하거나 또는 그에게서 더 이상 얻을 것이 없다고 판단되면 슬그머니 배신이 고개를 든다. 그동안 그와 관계가 참된 것이었는지는 그가 고난을 당할 때 끝까지 그와 함께 하는지를 보면 안다. 욥이 고난을 당할 때 그의 세 친구가 그를 비판하지 않고 끝까지 그의 아픔에 함께 했다면 얼마나 좋았을까…. 참된 관계는 그가 어떤 처지에 놓여 있든지 끝까지 그와 함께한다.

왜 배신하는가? 그것은 무엇보다 내 유익, 내 생각, 내 입장만 앞세우기 때문이다. 역지사지하는 마음이 있다면, 한 번 더 상대의 형편을 헤아리고 그의 입장에서 이해해 보려고 노력할 것이다. 그리고 '나는 아무런 잘못이 없는가? 나도 잘못이 있지 않은가?' 이렇게 생각하는 겸손한 마음이 상대를 이해하는 데 도움이 된다.

내 생각을 받아 주지 않아 섭섭하다고 다 배신하는가? 내 생각이 받아들여지지 않을 때 상대의 입장에서 그 이유를 성찰하는 지혜와 마음의 여유가 있다면 그와 관계를 온전하게 할 수 있다. 내 유익, 내 생각, 내 입장만 앞세운다면 언젠가 배신의 길로 접어들 수 있다. 오직 역지사지하는 사람만이 겸손하게 상대와 관계를 이어갈 수 있다.

불가근불가원(不可近不可遠)

성경에는 아름다운 관계가 많이 나온다. 여호수아는 지도자 모세를 마치 자신의 분신같이 끝까지 따랐다(출 24:13). 열 정탐꾼이 모두 다 그들이 정탐한 가나안 땅을 악평하며 하나님과 모세를 원망할 때, 그는 갈렙과 함께 끝까지 모세와 함께 했다(민 14장). 그리고 다윗에 대한 선지자 나단과 제사장 사독 그리고 시위대장 브나야의 헌신도 참으로 아름답다(왕상 1:32). 압살롬이 반란을 일으키자, 그들은 위기에 몰린 다윗과 끝까지 함께 하며 그를 도왔다.

바울과 그의 제자 실루아노와 디모데(고전 4:17 "내 사랑하고 신실한 아들 디모데") 그리고 디도(딛 1:4 "같은 믿음을 따라 나의 참 아들 된 디도")의 관계는 또 얼마나 아름다운가···. 디모데와 디도는 바울을 마치 아버지처럼 섬겼기에 바울도 그들을 '아들'로 부를 만큼 그들을 정성을 다해 섬겼다. 이들 외에도 바울 곁에는 아볼로(고전 3:4-9), 에바브로디도(빌 2:25), 유오디아와 순두게(빌 4:2-3), 오네시보로(딤후 1:16-18), 오네시모(몬 1:12), 빌레몬(몬 1:17), 그리고 소스데네(고전 1:1) 등, 수많은 신실한 사람이 있었다.

우리는 많은 사람과 관계를 맺을 수는 있다. 그리고 여러 다양한 사람들과는 얕게, 그리고 소수의 사람과는 깊게 관계를 맺을 수도 있다. 예수님도 수많은 사람을 대상으로 사역을 했지만, 그냥 그분을 따르는 무리를 제외한다면 많은 제자들 가운데서도 좁게는 열두 제자 더 좁게는 베드로와 야고보와 요한 이 세 제자와 깊은 관계를 맺었다. 그리고 하나님의 특별한 은혜와 간섭이 있다면 어떤 사람과는 아무런 허물 없이 흉금을 터놓는 관계가 될 수도 있다. 하지만 연약한 우리로서는 그 누구와도 불가근불가원의 원칙이 필요하다. 나를 잘 모르는 사람은 나를 배신하지 않는다. 아니 그렇게 할 수도 없다. 나를 깊이 그리고 가장 잘 아는 사람이 나를 배신한다. 그래서 불가근불가원의 원칙을 지켜야 한다.

성경은 이렇게 말한다. "마음의 고통은 자기가 알고 마음의 즐거움은 타인이 참여하지 못하느니라."(잠 14:10) 내 마음의 고통은 내가 가장 잘 알고, 내 마음의 즐거움도 내가 가장 잘 안다. 그 누구도 내가 느끼는 만큼 내 고통을 느낄 수 없고, 내가 느끼는 만큼 내 마음의 즐거움도 느낄 수 없다. 내가 느끼는 고통과 즐거움을 나처럼 느낄 사람은 아무도 없다.

더 정확하게 말하면, 우리는 남의 일에 관심이 없다. 그 누구도 내 일보다 남의 일에 더 관심을 갖지는 않는다. 내가 겪고 있는 문제에 나보다 더 관심을 가질 사람도 없고, 남이 겪고 있는 문제에 그보다 더 관심을 갖는 사람도 없다. 실제로, 남의 일에는 관심이 없거나, 관심을 갖더라도 일시적이다. 이것 자체가 우리가 상대와 관계를 맺을 때 불가근불가원의 원칙이 필요하다는 사실을 말해 준다.

본질적으로 이기적이고 연약한 우리에게는 불가근불가원의 원칙이 관계를 오래 지속할 수 있는 최선의 방법이다. 이것은 서로에게 유익하다. "너는 이웃집에 자주 다니지 말라, 그가 너를 싫어하며 미워할까 두려우니라."(잠 25:17)『명심보감』에도 이런 말이 있다. "오래 머무르면 사람으로 하여금 천하게 여겨지고, 자주 찾아오면 친하던 사람도 멀어진다."[10]

아무런 허물 없이 흉금을 터놓는다고 해서 관계가 오래 지속되는 것도 아니고, 불가근불가원의 원칙을 지킨다고 해서 곧 그것이 상대를 진심으로 대하지 않는다는 말도 아니다. 어느 정도의 거리는 그를 지키고 나를 지킬 수 있다.

어떤 경우에는 서로를 위해 지혜롭게 관계를 정리하거나 그것을 피하는 것도 한 가지 방법이다. 만남과 교제에는 노력과 시간이 필요하다. 그러니, 누군가와 관계가 부담스럽다면 그것은 그에게도 내게도 장애가 된다. 그런 관계에서는 온전한 만남과 교제가 불가능하다. 이런 만남과 교제는 지속할 필요가 없을 것이다.

❮ **Chapter 6** ❯

비판하지 말고
공감하라!

데일 카네기
"비판은 쓸데없는 짓이다.
왜냐하면 비판은 다른 사람이 자신을 방어하도록 만들고,
일반적으로 자신을 정당화하기 위해
안간힘을 쓰게 만들기 때문이다."

고린도전서 1:10
"모두가 같은 말을 하고
너희 가운데에 분쟁이 없이
같은 마음과 같은 뜻으로 온전히 합하라."

다른 사람을 결코 비판하지 말라.

그것은 대인 관계의 대원칙이다.

아직도 다른 사람을 비판한다면,

그는 대인 관계의 (王)초보자가 분명하다.

공감에서 배려가 나오고,

배려에서만 관계가 지속될 수 있다.

비판은 금물

다른 사람을 결코 비판하지 말라. 이 말은 아주 중요하다. 그것은 대인 관계의 대원칙이다. "비판을 받지 아니하려거든 비판하지 말라, 너희가 비판하는 그 비판으로 너희가 비판을 받을 것이요, 너희가 헤아리는 그 헤아림으로 너희가 헤아림을 받을 것이니라, 어찌하여 형제의 눈 속에 있는 티는 보고 네 눈 속에 있는 들보는 깨닫지 못하느냐, 보라 네 눈 속에 들보가 있는데 어찌하여 형제에게 말하기를 나로 네 눈 속에 있는 티를 빼게 하라 하겠느냐, 외식하는 자여 먼저 네 눈 속에서 들보를 빼어라, 그 후에야 밝히 보고 형제의 눈 속에서 티를 빼리라."(마 7:1-5) 내 눈 속에 들보가 있는데 어떻게 다른 사람의 눈 속에 있는 작은 티를 보고 빼라고 그를 비판할 수 있겠는가….

혹시 내 눈 속에는 작은 티가 있지만, 그의 눈 속에는 들보가 있다고 생각하는가…. 그래서 그를 비판할 생각이 있는가…. 비판은 백해무익하다.

비판은 쓸데없는 짓이다. 왜냐하면 비판은 다른 사람이 자신을 방어하도록 만들고, 일반적으로 자신을 정당화하기 위해 안간힘을 쓰게 만들기 때문이다. 또한 비판은 위험한 일이다. 왜냐하면 비판은 사람들의 소중한 자존심에 상처를 입히고, 자신의 가치에 대해 회의감을 가지게 하며, 원한만 불러일으키기 때문이다.[11]

데일 카네기는 역사상 여러 인물과 사례를 통해 지혜로운 사람은 다른 사람을 결코 비판하지 않는다고 한다. 비판은 백해무익하다는 것이다. 아직도 다른 사람을 비판한다면, 그는 대인 관계의 (王)초보자가 분명하다.

비판하지 않는 것이 다른 사람과 온전한 관계를 유지하는 지름길이다. 그를 비판하고 싶다면 잠시 시간을 갖고 그가 왜 그렇게 하는지 그의 입장에서 그 이유를 곰곰이 생각해 보라. 그러면 그를 이해하게 되고, 그를 통해 나 자신의 허물도 보게 된다. 나도 그와 크게 다르지 않으며, 내가 설령 그가 가진 단점은 없다 하더라도 또 다른 면에서는 더 큰 단점을 갖고 있을 수도 있다. 이렇게 생각하면 비판하는 마음도 사라질 것이다.

사도 바울처럼 나 자신이 죄인의 괴수임을 아는 사람은 결코 다른 사람을 비판할 수 없다(딤전 1:15). 죄인은 죄인인 다른 사람을 비판할 자격이 없다. 비판하고 싶다면 꼭이 말씀을 기억하라. "서로 비방하지 말라, 형제를 비방하는 자나 형제를 판단하는 자는 곧 율법을 비방하고 율법을 판단하는 것이라, 네가 만일 율법을 판단하면 율법의 준행자가 아니요 재판관이로다, 입법자와 재판관은 오직 한 분이시니 능히 구원하기도 하시며 멸하기도 하시느니라, 너는 누구이기에 이웃을 판단하느냐."(약 4:11-12) 다른 사람을 비판하지 않는 사람은 긍휼과 자비와 겸손과 온유와 오래 참음을 옷 입을 수 있다(골 3:12). 이 긍휼과 자비와 겸손과 온유와 오래 참음이 있을 때 우리는 그와 관계를 지속할 수 있다.

뒷담화도 금물

다른 사람을 공개적으로 비방하는 것도 죄지만(롬 1:30), "수군수군하는 자"(롬 1:29)처럼 그 뒤에서 비밀스럽게 그를 험담하는 것도 죄다.

벤저민 프랭클린은 다른 사람에 대한 험담은 절대 하지 않고 다만 누구든지 그에게서 장점을 찾아내 그것을 칭찬했다고 한다.[12] 칭찬은 다른 사람과의 관계에서 전혀 걸림돌이 없는 윤활유 역할을 한다. 하지만 뒷담화, 곧 험담은 다른 사람에게 심각한 상처를 남긴다. 그럼에도, 뒷담화는 아주 달콤해서, 우리는 뒷담화를 하는 경우가 많다. "남의 말 하기를 좋아하는 자의 말은 별식과 같아서 뱃속 깊은 데로 내려가느니라."(잠 18:8)

사실 우리 마음을 가장 아프게 하는 사람들 가운데 하나가 바로 내 뒤에서 나를 험담하는 사람이다. 그래서 성경은 우리에게 이렇게 권면한다. "사람을 기쁘게 하는 자와 같이 눈가림만 하지 말고 오직 주를 두려워하여 성실한 마음으로 하라, 무슨 일을 하든지 마음을 다하여 주께 하듯 하고 사람에게 하듯 하지 말라."(골 3:22-23) 사람을 기쁘게 하는 자와 같이 눈가림만 하여, 앞에서 하는 말과 행동이 뒤에서 하는 그것과 다르게 하지 말라는 것이다. 오직 하나님을 두려워하여 성실한 마음으로 하며, 무슨 일을 하든지 사람에게 하듯 하지 말고 마음을 다하여 그분께 하듯 하라는 것이다.

사도 바울은 자기 자신도 판단하지 않는다고 했다. 오직 하나님만이 그를 심판한다고 했다(고전 4:3-4). "그러므로 때가 이르기 전 곧 주께서 오시기까지 아무것도 판단하지 말라, 그가 어둠에 감추인 것들을 드러내고 마음의 뜻을 나타내시리니 그때에 각 사람에게 하나님으로부터 칭찬이 있으리라."(고전 4:5) 사도 바울처럼 자기 자신도 판단하지 않는 사람은 다른 사람의 뒤에서 그를 험담하지 않는다. 뒷담화는 어떤 통로를 통해서든 언젠가는 드러난다. "심중

에라도 왕을 저주하지 말며 침실에서라도 부자를 저주하지 말라, 공중의 새가 그 소리를 전하고 날짐승이 그 일을 전파할 것임이니라."(전 10:20)

하나님은 뒷담화를 아주 싫어한다. "자기의 이웃을 은근히 헐뜯는 자를 내가 멸할 것이요, 눈이 높고 마음이 교만한 자를 내가 용납하지 아니하리라."(시 101:5) 뒷담화는 그분이 가장 싫어하는 교만이다. 이것은 우리 양심도 안다. 앞에서는 잘하는 척하고 뒤에서는 나를 험담하는 사람을 조심하라.

공감 능력

얼마 전 독일 바이에른주의 한 교회에서는 강단 위 대형 스크린에 AI 목사가 등장하여 설교와 기도 그리고 찬송 등을 하며 약 사십 분간 예배를 인도했다고 한다.[13] AI 목사는 설교에서 회중들에게 "과거를 뒤로하고, 현재에 집중하라, 죽음을 두려워하지 말라."고 하며, 예수님에 대한 믿음을 잃지 말아야 한다고 강조했다고 한다. 회중들의 반응은 극명하게 엇갈렸다고 하는데, 일부는 환호하면서 휴대 전화로 그 화면을 촬영했지만, 일부는 불쾌한 기색을 보였다고 한다. 앞으로 인공지능 기술이 어느 정도 발달할지 지켜봐야겠지만, AI 목사가 어떻게 성도들과 공감할 수 있을지는 의문이다.

대화법을 강의하는 전문가들은 대부분 상대와 '공감'하는 능력이 중요하다고 한다. 성경은 우리에게 모두 "같은 마음"과 "같은 뜻"으로 온전히 합하라고 권면한다(고전 1:10). 이 "같은 마음"과 "같은 뜻"이 상대와 공감하는 마음이다.

모든 사람 특히 다른 사람을 섬기는 그리스도인이나 사역자에게 이 공감 능력은 아주 중요하다. 이것이 부족한 것은 그에게 치명적인 약점이다. 상대가 내 기대와 다르게 행동할 때 그가 왜 그렇게 하는지 그의 입장에서 그 이유와 배경을 깊이 헤아리지 않는다면, 무엇보다 그가 하는 말에 귀를 기울이고 그에게 공감하지 않는다면, 그와 결코 온전한 관계를 맺을 수 없다. 그에게 공감해도 때로는 오해가 있고 그래서 갈등이 있는데, 공감조차 하지 못한다면 그 어떤 것도 기대할 수 없다.

상대와 공감하려면 그가 하는 말을 잘 경청하라. 내 말만 하고 그가 하는 말을 경청하지 않는다면 결코 그와 공감할 수 없다. 내가 아는 지식이 아무리 많고 그래서 내가 하고 싶은 말이 아무리 많아도, 그의 형편과 그때의 상황을 고려하여 꼭 필요한 말만 하라. 이것이 관계의 지혜다. 그리고 피드백을 줄 때도 그가 하는 말을 잘 듣고 그 말의 핵심을 찾아내고 거기 수반되는 감정을 파악하여 말하라.

피드백을 줄 때는 다음 예처럼 상대가 말하는 내용과 거기 수반되는 감정에 둘 다 초점을 맞춰라. '남편이 별로 자상하지 못해 당신은 외로워지고 있군요.' 내용과 감정, 이는 당신이 거의 언제나 의지할 수 있는 기본 공식이다. 상대가 하는 말의 중심 주제를 찾아내고 거기에 대한 그의 기분을 파악하라.[14]

그가 말하는 내용과 거기 수반되는 감정, 곧 내용과 감정, 이 둘에 모두 주목해야 한다. 그가 하는 말의 핵심을 찾아내고 거기에 공감하는 방식으로 말을 해야 한다.

상대와 공감하려면 그의 부족함과 연약함도 받아들여야 하지만, 내 자신의 부족함과 연약함도 솔직하게 인정하고 나눌 줄 알아야 한다. 바리새인과 서기관들은 그들의 생각만 옳다고 여겼기에, 다른 사람들과 전혀 공감할 수 없었다. "바리새인은 서서 따로 기도하여 이르되 하나님이여 나는 다른 사람들 곧 토색, 불의, 간음을 하는 자들과 같지 아니하고 이 세리와도 같지 아니함을 감사하나이다."(눅 18:11) "따로 기도하여"를 NASB는 "자기 자신에게 기도하여"라고 번역한다. 이 바리새인은 자기 생각만 옳다고 여겨, 하나님과도 다른 사람과도 전혀 공감하는 능력이 없었다.

내 생각이 어떻게 항상 옳을 수 있을까…. 완벽한 사람도 없고, 설령 그렇게 보이는 사람도 그와 가까이 지내보면 실수가 있고 허물이 있다. 그래서 상대의 실수와 허물도 받아들여야 하지만, 내가 잘못했을 때는 솔직하게 그 잘못을 인정해야 한다. 그리해야, 상대의 신뢰를 얻고 그와 공감할 수 있다.

배려

공감에서 배려가 나오고, 배려에서만 관계가 지속될 수 있다. 상대의 형편을 깊이 헤아리고 그를 배려할 때만 그와 관계가 지속될 수 있고, 그리하여 서로 세워 갈 수 있다. 내 형편과 내 상황을 깊이 헤아리지도 않고 나를 배려하지도 않는데, 누가 그와 관계를 지속할까….

누가복음 10장에 나오는 사마리아인은 공감과 배려의 아이콘이다. 어떤 율법 교사가 예수님을 시험하여 그분께 "내가 무엇을 하여야 영생을 얻으리이까?"(눅 10:25)라고 물었다. 이에 그분이 그에게 율법에 무엇이라 기록되었느냐고 묻자, 그는 그분께 하나님을 사랑하고 또한 네 이웃을 네 자신 같이 사랑하라고 했다고 대답했다. 그리고 이어 그는 자기를 옳게 보이려고 "그러면 내 이웃이 누구니이까?"(눅 10:29)라고 그분께 물었는데, 그분은 그에게 그 유명한 사마리아인의 비유를 말했다.

어떤 사람이 예루살렘에서 여리고로 내려가다가 강도들을 만났다. 그리고 그들은 그의 옷을 벗기고 그를 때려 거의 죽은 것을 그냥 버리고 갔다. 그때 마침 한 제사장이 그 길로 내려가다가 그를 피하여 지나가고, 또 한 레위인도 그렇게 했다. 그러나 어떤 사마리아인은 그를 보고 불쌍히 여겨 그 상처에 기름과 포도주를 붓고 그 상처를 싸매고, 그를 자기 짐승에 태워 주막으로 데리고 가서 그를 돌봐 주었다. 그는 여기서 그치지 않았다. 그는 강도 만난 사람의 형편을 깊이 헤아려 그에게 필요한 모든 것을 주도면밀하게 챙겨 주었다. 그는 길을 떠나기 전에 주막 주인에게 데나리온 둘을 내어 주며 이 사람을 잘 돌봐 주라고 했고, 비용이 더 들면 내가 돌아올 때에 그것을 대신 갚아 주겠다고 했다. 이것이 바로 배려다.

마리아도 예수님의 죽음에 진심으로 공감하며 그분의 머리에 매우 귀한 향유 한 옥합을 부었다. 그녀는 그 향유를 그분의 발에 붓고 자기 머리털로 그 발을 닦았다(요 12:3). 이것이 배려다. 그분은 그녀에게 이렇게 말했다. "그는 힘을 다하여 내 몸에 향유를 부어 내 장례를 미리 준비하였느니라."(막 14:8) 하지만 제자들은 이 공감과 배려의 마음이 전혀 없었다. "제자들이 보고 분개하여 이르되 무슨 의도로 이것을 허비하느냐."(마 26:8) 누가복음 7장에 나오는 한 여자도 마리아처럼 이 공감과 배려의 마음이 있었기에, 눈물로 그분의 발을 적시고 자기 머리털로 그 발을 닦고, 그 발에 자기 입을 맞추며 비싼 향유를 부었다.

공감과 배려가 얼마나 중요한지 가룟 유다와 마리아에 대한 그분의 평가를 보자. 마리아가 그분의 머리에 향유를 부을 때 가룟 유다는 그것을 삼백 데나리온에 팔아 가난한 자들에게 주자고 했지만, 그것은 그들을 생각한 것이 아니었다. 그는 정작 그 돈을 훔쳐 가려고 했다. "예수를 잡아 줄 가룟 유다"(요 12:4)는 "도둑"(요 12:6)이었다. 그러나 마리아에 대한 그분의 평가는 그와 판이하다. "내가 진실로 너희에게 이르노니 온 천하에 어디서든지 이 복음이 전파되는 곳에서는 이 여자가 행한 일도 말하여 그를 기억하리라."(마 26:13) 공감과 배려는 이처럼 중요하다.

Chapter 7

지혜롭게 권면하라!

히브리서 3:13

"오직 오늘이라 일컫는 동안에

매일 피차 권면하여

너희 중에 누구든지

죄의 유혹으로 완고하게 되지 않도록 주의하라."

잠언 13:10

"권면을 듣는 자는 지혜가 있느니라."

"마음의 눈"은
육신의 눈과 달리
성령의 은혜라는 시선으로 상대를 바라본다.
이것이 권면하는 지혜이며,
이 지혜로 우리는
하나님을 기쁘게 하고 우리의 관계를 세운다.

마음의 눈으로

비판과 권면은 어떤 차이가 있는가? 비판은 상대를 향한 애정과 사랑이 없다면, 권면은 그를 향한 진심 어린 애정과 사랑이 있다. 그래서 비판은 그를 실족시키지만 권면은 그를 세운다. 이 진심 어린 애정과 사랑이 있을 때 우리는 그를 육신의 눈이 아니라 "마음의 눈"(엡 1:18) 곧 "속사람"(엡 3:16)과 "마음에 숨은 사람"(벧전 3:4)의 눈으로 바라볼 수 있다. 한마디로 "마음의 눈"은 육신의 눈과 달리 성령의 은혜라는 시선으로 그를 바라본다(엡 3:16). 이것이 권면하는 지혜이며, 이 지혜로 우리는 하나님을 기쁘게 하고 우리의 관계를 세운다.

사람은 쉽게 변하지 않는다. 모두 다 자기 생각이 강하기 때문이다. 예수님의 열두 제자를 보자. 그들이 그분께 천국에서는 누가 크냐고 묻자, 그분은 한 어린아이를 불러 그들 가운데 세우고, 너희가 이런 어린아이들과 같이 되지 아니하면 결단코 천국에 들어가지 못할 것이며, 누구든지 이 어린아이와 같이 자기를 낮추는 사람이 천국에서 큰 자라고 분명히 말했다. 그런데도 얼마 뒤에 사람들이 또 어린아이들을 데리고 와서 그분께 기도를 받으려고 하자, 그들은 그 사람들을 꾸짖었다(마 19:13). 우리는 이처럼 자기 생각이 강하기 때문에 쉽게 변하지 않는다.

당장 우리 주위에 내 생각만 옳다고 주장하는 사람이 얼마나 많은가…. 어떤 사건이나 일을 경험하게 되면, 그것을 계기로 우리는 조금 변화될 수는 있다. 그러나 우리는 근본적으로 잘 변하지 않는다. 각자 타고난 성품과 성향과 기질이 있기 때문이다. 그래서 상대를 "마음의 눈"으로, 곧 성령의 은혜라는 시선으로 바라봐야 끝까지 인내할 수 있다. 그리고 끝까지 인내해야 관계를 지속할 수 있고, 또 서로 세울 수 있다.

지혜로운 권면

우리는 내 생각이 다 맞는다고 생각할 때가 있다. 그때는 다른 사람의 진심 어린 권면도 잘 귀담아듣지 않는다. 듣더라도 내가 듣고 싶은 말만 들으려고 한다. 그래서 어떤 사람은 그래도 권면을 하려면 그가 내 말을 들을 것이라는 기대를 버리라고 조언한다.[15] 이것은 세상에서 말하는 권면의 최대치다.

하지만 성경은 권면으로 충만하다. "너희가 스스로 선함이 가득하고 모든 지식이 차서 능히 서로 권하는 자임을 나도 확신하노라."(롬 15:14) "그리스도의 말씀이 너희 속에 풍성히 거하여 모든 지혜로 피차 가르치며 권면하고"(골 3:16). "피차 권면하고 서로 덕을 세우기를 너희가 하는 것 같이 하라."(살전 5:11) "범사에 오래 참음과 가르침으로 경책하며 경계하며 권하라."(딤후 4:2) "오직 오늘이라 일컫는 동안에 매일 피차 권면하여 너희 중에 누구든지 죄의 유혹으로 완고하게 되지 않도록 주의하라."(히 3:13) 성경은 이렇게 우리가 말씀으로 충만하여, 모든 지혜로 서로 가르치며 권면하라고 한다. 사실 성경은 하나님이 우리에게 권면하는 책이며, 또 우리가 상대에게 어떻게 권면해야 하는지 그 지혜를 알려 준다.

한 사람이 가진 삶의 무게를 우리가 어떻게 측량할 수 있을까…. 그가 태어나 자란 환경에서부터 그가 그동안 살아오면서 경험한 그 복잡 미묘한 삶의 정황을 우리가 어떻게 다 헤아릴 수 있을까…. 그래서 우리는 각자 여러 가지 면에서 서로 다를 수밖에 없다. 이 서로의 다름과 차이를 인정하고 그것을 받아들이는 것이 관계의 지혜다. 관계에서 생기는 갈등과 상처는 대부분 이 다름과 차이를 인정하지 않고 그것을 받아들이지 않기 때문에 생긴다.

관계에서 생기는 갈등과 상처는 또한 내가 다른 사람과 어떻게 다른지 나 자신을 정확하게 모르기 때문에 생긴다. 우리는 의외로 나 자신을 정확하게 모른다. 상대의 눈과 마음에는 금방 드러나 보이는 내 단점을 정작 나는 전혀 모른다.

다양한 수준과 특성의 '다름'을 가진 사람들끼리 조화를 이루어 행복을 만들어 가는 과정은 무엇일까? 첫째,

'나의 다름'을 이해하고, 둘째, '타인의 다름'을 수용하고, 마지막으로 각자의 '다름'에 기초한 최적의 솔루션을 찾아가는 것이다.

　나의 다름을 정확하게 인지하지 못하면, 내가 타인에게 미치는 영향 또한 잘 알 수 없다. 따라서 내가 타인에게 어떤 도움과 지원을 제공할 수 있으며, 어떤 점 때문에 불편을 줄 수 있는지 인지하지 못하게 된다. 타인에게 훨씬 매력적인 내가 될 수 있는 기회를 놓칠 수도 있다. 오히려 조금만 생각하면 피할 수 있는 갈등이나 문제를 겪게 될 가능성이 있다.[16]

상대와 조화를 이루어 가려면 '타인의 다름'도 인정하고 받아들여야 하지만, '나의 다름'도 정확하게 알아야 한다. 나의 다름을 정확하게 알지 못하면, 내가 그에게 미치는 영향 또한 잘 알 수 없다. 그래서 부지불식간에 그에게 불편을 줄 수 있고, 관계에 문제가 생길 수 있다.

장점 없는 사람도 없고, 단점 없는 사람도 없다. 상대의 단점을 인정하고 받아들이며, 또한 내 단점도 정확하게 아는 사람은 겸손할 수밖에 없다. 이 겸손이 상대를 세우고 나를 세운다.

권면에는 무엇보다 하나님의 지혜가 필요하다. 솔로몬은 그분이 준 지혜로 두로 왕 히람과 친목했다. "여호와께서 그의 말씀대로 솔로몬에게 지혜를 주신 고로 히람과 솔로몬이 친목하여 두 사람이 함께 약조를 맺었더라."(왕상 5:12)

성령은 지혜와 총명의 영이요 모략과 재능의 영이다(사 11:2). 그리고 성령은 우리와 항상 함께한다. 그러므로 성령 충만할 때 우리는 하나님의 말씀을 하듯 상대에게 지혜롭게 권면할 수 있다. "만일 누가 말하려면 하나님의 말씀을 하는 것 같이 하고"(벧전 4:11).

권면할 때는 말을 지혜롭게 해야 한다. 먼저 상대의 말을 충분히 경청하고 나서, 내가 말하고자 하는 핵심을 최대한 간결하게 말하라. 그리고 나서 상황을 보고 더 자세하게 말할 수 있으면 하라. 말투나 어조도 다정하게 하고, 덕을 세우는 선한 말을 하라(엡 4:29). "너희 말을 항상 은혜 가운데서 소금으로 맛을 냄과 같이 하라, 그리하면 각 사람에게 마땅히 대답할 것을 알리라."(골 4:6)

성경에서 말하는 말의 지혜를 요약하면 다음과 같다. "항상 유순한 말, 덕을 세우는 말, 적재적소에서 꼭 필요한 말을 지혜롭게 하되, 특히 말을 적게 하라. 말이 많으면 실수하게 되어 있다. 말을 적게 그리고 신중하게 하는 것이 지혜다."[17]

하나님의 뜻대로

하나님의 뜻은 무엇보다 성경 말씀에 분명하게 나타나 있다. 또한 항상 성경 말씀을 읽고 묵상하면 관계의 현장에서 어떤 경우에는 어떻게 해야 할지 분별하는 지혜가 생긴다. 그리고 우리는 관계의 현장에 가기 전에, 가면서, 가서, 그리고 관계하는 모든 순간순간 성령께 기도하며 지혜를 구해야 한다, 그렇게 하면 하나님의 뜻을 정확하게 깨달을 수 있다. 어떻게 해야 할지 잘 모를 때 그 상황을 성령께 맡겨 드리면 성령이 내게 지혜를 준다. 그래서 상대에게 지혜롭게 권면할 수 있다.

하나님의 뜻이 분명하다면 상대를 두려워하지 말고 권면하라. 예수님이 그렇게 했다. 대제사장들과 바리새인들이 하나님의 말씀을 왜곡하며 그들의 권위를 주장했을 때 그분은 결코 그들과 타협하지 않았다. 그분은 가까운 가족들과 사랑하는 제자들이 상처받을 것을 알면서도 그들에게 하나님의 말씀만 전했다. 오순절 이후 베드로도 그렇게 했다. "하나님 앞에서 너희의 말을 듣는 것이 하나님의 말씀을 듣는 것보다 옳은가 판단하라."(행 4:19)

면책은 숨은 사랑보다 낫다(잠 27:5). 그래서 권면 받을 때는 그것을 마음에 깊이 새기며 내 부족함과 연약함을 다시 한번 확인하는 계기로 삼아야 한다. 어린아이에게서도 배울 것이 있다. "권면을 듣는 자는 지혜가 있느니라."(잠 13:10) "훈계 받기를 싫어하는 자는 자기의 영혼을 경히 여김이라, 견책을 달게 받는 자는 지식을 얻느니라."(잠 15:32)

하지만 나는 성경 말씀과 성령의 인도에 따라 하나님의 뜻대로 권면했는데도, 상대가 그것을 받아들이지 않으면 어떻게 하는가? 나는 진심으로 그를 위해서 애정과 사랑을 가지고 권면했는데도 그가 그것을 비판으로 받아들이고 거부 반응을 보인다면 어떻게 하는가? 한마디로, 그것은 그의 몫이다. 나는 내 책임을 다하면 된다. 어떤 경우에는 일시적으로 관계가 어려워지고 심지어 관계가 깨어질 수도 있겠지만, 권면하는 것이 그분의 뜻이 분명하다면 결국에는 그분이 그를 세울 것이다.

권면하기 전에 먼저 상대의 장점을 칭찬하는 것도 잊지 말라. 예수님은 서머나교회에 대해 그렇게 했다. 그분은 그들을 먼저 칭찬했다. "내가 네 환난과 궁핍을 알거니와 실상은 네가 부요한 자니라, 자칭 유대인이라 하는 자들의 비방도 알거니와 실상은 유대인이 아니요 사탄의 회당이라."(계 2:9) 그분은 이렇게 그들을 먼저 칭찬하고 나서 다음과 같이 그들을 권면했다. "너는 장차 받을 고난을 두려워하지 말라, 볼지어다 마귀가 장차 너희 가운데에서 몇 사람을 옥에 던져 시험을 받게 하리니 너희가 십 일 동안 환난을 받으리라, 네가 죽도록 충성하라, 그리하면 내가 생명의 관을 네게 주리라."(계 2:10) 그분은 버가모교회와 두아디라교회에 대해서는 심지어 그들을 책망하며 권면하는데, 이때도 그들을 먼저 칭찬했다.

Chapter 8

치열한
영적 전쟁임을 잊지 말라!

에베소서 4:27

"마귀에게 틈을 주지 말라."

사탄은 우리의 관계의 훼방자요 파괴자다.
우리의 모든 관계의 현장에는
항상 그가 함께 있다.
모든 관계, 모든 만남과 교제의 현장에는
그가 쳐 놓은 덫이 있다.
그래서 관계에는 고도의 분별력과 지혜와 인내가 필요하다.

관계의 훼방자요 파괴자

사탄이 하는 일은 세 가지다. 그는 우리 영혼을 거짓으로 도둑질하고, 끝내는 우리를 죽이고, 우리를 멸망시킨다(요 10:10). 하나님이 모세를 통해 애굽 온 땅에 있는 물이 피로 변하는 재앙을 내렸을 때, 그는 애굽 술사를 통해 그 피를 다시 물로 바꾸지도 않았고, 아예 그럴 생각조차 없었다. 요한계시록 9장 1-4절에 기록된 다섯 번째 나팔 심판을 보면, 그가 하나님께 받은 열쇠로 무저갱을 열자, 황충이 전갈의 권세를 받고 땅 위로 나와 그분께 인침을 받지 않은 사람들 곧 세상 사람들을 괴롭게 했다.

오늘도 많은 사람이 예수님을 믿지 않고 그를 따르고 있다. 그는 "거짓의 아비"(요 8:44)로서 온갖 거짓으로 그들을 위하는 척하지만, 끝내는 그들의 영혼을 도둑질하고 그들을 죽이고 그들을 멸망시킨다. 그는 그분을 믿고 따르는 그리스도인들에게는 더 적대적이다. 그의 관심은 오직 우리 영혼을 거짓으로 도둑질하고 끝내는 우리를 죽이고 우리를 멸망시키는 데 있다.

이것은 우리의 관계에도 그대로 적용된다. 그는 우리의 관계를 도둑질하고 끝내는 그것을 깬다. 그는 우리의 관계의 훼방자요 파괴자다. 그는 에덴동산에서 아담과 하와를 유혹하여 하나님과 그들의 관계를 깨고, 또 그들 간의 관계도 깼다. 그는 그때 이후 우리의 모든 관계의 현장에서 우리를 시시탐탐 노리고 있다.

베드로는 가이샤라 빌립보에서 예수님을 "주는 그리스도시요 살아 계신 하나님의 아들이시니이다."(마 16:16)라고 고백했다. 그리고 그분은 그의 이 고백을 듣고 나서 비로소 제자들에게 자신의 죽음과 부활을 이야기했다. 그러자, 베드로는 그분을 붙들고 그분께 항변하며, "주여 그리 마옵소서, 이 일이 결코 주께 미치지 아니하리이다."(마 16:22)라고 했다. 그는 진심으로 그분을 위해서 그렇게 말했겠지만, 그분은 그에게 "사탄아 내 뒤로 물러가라, 너는 나를 넘어지게 하는 자로다, 네가 하나님의 일을 생각하지 아니하고 도리어 사람의 일을 생각하는도다."(마 16:23)라며 그를 책망했다. 그는 몰랐지만, 그분은 사탄이 그를 유혹한 것을 알았다.

그가 그분을 배신할 때도, 그분은 이미 사탄이 그와 다른 제자들을 밀 까부르듯 끊임없이 유혹했다고 했다(눅 22:31). 그러나 그와 다른 제자들은 이 사실을 전혀 몰랐다. 토미 테니는 교회의 연합을 설파하면서 이렇게 말한다. "사탄은 사람이 만나는 곳이면 어디에나 분열의 씨를 뿌린다. 우리에게 필요한 것은 관계를 깨뜨리는 사람이 아니라 관계를 치유하는 사람이다."[18] 우리의 모든 관계의 현장에는 항상 사탄이 함께 있다. 모든 관계, 모든 만남과 교제의 현장에는 그가 쳐 놓은 덫이 있다. 관계가 깨어지는 곳에는 반드시 사탄의 역사가 있다.

그래서 관계 맺기는 외줄 타기다. 마치 곡예사가 높은 곳에서 가느다란 외줄을 타고 그 위를 걷듯이 매 순간 아슬아슬한 것이 관계 맺기다. 그래서 관계에는 고도의 분별력과 지혜와 인내가 필요하다. 관계 맺기보다 더 치열한 영적 전쟁은 없다. 그것은 차분한 것 같지만 격렬하다. 우리는 우리 마음과 우리가 하는 말로 상대와 관계를 맺는데, 우리 마음과 우리가 하는 말은 사탄의 주된 공략 지점이기 때문이다.

두 가지 공략 지점

우리 마음은 사탄의 주된 공략 지점이다. 그래서 무엇보다 우리 마음을 잘 다스려야 한다. "자기의 마음을 다스리는 자는 성을 빼앗는 자보다 나으니라."(잠 16:32) 그는 가장 먼저 우리 마음의 동기를 유혹한다. "마귀가 벌써 시몬의 아들 가룟 유다의 마음에 예수를 팔려는 생각을 넣었더라."(요 13:2)

상대와 관계를 맺기 전에 가장 먼저 내 마음의 동기를 살펴라. 말씀에 순종하여 겸손하게 그를 섬기되, 나와 그 사이에 내 유익을 위해 그 어떤 이기적인 동기도 개입되어서는 안 된다. 그리해야, 맑고 깨끗한 영혼의 눈으로 매 순간 사탄의 간계를 정확하게 분별하고 관계에 임할 수 있다. 때로는 그때의 형편과 상황에 따라 그와 서로 윈-윈 할 수도 있으나, 그 경우가 아니라면 아무 조건 없이 그를 섬겨라. 그리해야, 순전한 마음으로 매 상황을 잘 분별하며 그와 관계를 온전하게 할 수 있다. 사탄의 유혹은 상황의 변화에 따라 갖가지 모양을 갖기 때문에 때때로 변화는 상황에 민감하게 반응하라.

우리가 하는 말은 다 우리 마음의 표현이다. 그래서 말 또한 사탄이 노리는 또 하나의 주된 공략 지점이다. 먼저 마음을 잘 다스리되, 말에도 지혜가 필요하다. 우리는 우리가 하는 말로 상대에게 상처를 주고 그래서 그와 관계를 깬다. 사탄은 우리가 내뱉는 말 한 마디로 한순간에 그동안의 관계를 깬다. "마귀에게 틈을 주지 말라."(엡 4:27) 말한 마디, 한 마디에 신중하지 않는다면 그 어떤 관계도 오래 지속할 수 없다. 가까울수록 더 말에 조심해야 한다.

시편 37편 30-31절은 그와 관련하여 우리에게 중요한 교훈을 준다. 첫째 의인의 입은 지혜로운데 그것은 그가 정의를 말하기 때문이다. 둘째 정의를 말하려면 무엇보다 우리 마음에 하나님의 말씀이 충만해야 한다. 셋째 그런 사람은 결코 실족하지 않는다는 것이다. 하나님의 사역은 한마디로 정의와 공의의 사역이다(시 33:5). 그리고 그분의 말씀 또한 정의와 공의의 말씀이다. 그래서 우리 마음에 그분의 말씀이 충만하면 우리 입은 그 말씀으로 상대에게 지혜롭게 말할 수 있고, 그래서 그를 실족시키지도 않고 나도 실족하지 않는다. 정의와 공의의 말씀 곧 항상 옳고 항상 올바른 그분의 말씀이 그를 세우고 나를 세운다. 관계 때 우리가 꼭 새겨들어야 할 말씀이다.

성령의 능력으로

성령은 우리 안에 우리의 주인으로 항상 우리와 함께 한다. 우리는 매 순간 내 생각을 내려놓고 성령을 의지해야 한다. 우리가 하나님의 말씀과 성령을 의지하는 한, 사탄은 결코 우리를 유혹할 수 없다. 하나님은 선지자 학개에게 이렇게 말했다. "너희가 애굽에서 나올 때에 내가 너희

와 언약한 말과 나의 영이 계속하여 너희 가운데에 머물러 있나니 너희는 두려워하지 말지어다."(학 2:5)

우리는 관계를 통해 서로를 성숙하게 세워 갈 수 있다. 그리고 그 일은 성령이 주도해 간다. "여호와께서 스알디엘의 아들 유다 총독 스룹바벨의 마음과 여호사닥의 아들 대제사장 여호수아의 마음과 남은 모든 백성의 마음을 감동시키시매 그들이 와서 만군의 여호와 그들의 하나님의 전 공사를 하였으니"(학 1:14). 각자가 성령을 의지하면 이처럼 모든 관계는 풍성해진다.

'성령께서 오늘도 우리의 만남과 교제 가운데 임재하셔서 영광을 받아 주시고, 저희를 거룩하게 인도하여 주시옵소서.'

Chapter 9

세 사람의 교제권을
확보하라!

전도서 4:12

"한 사람이면 패하겠거니와

두 사람이면 맞설 수 있나니

세 겹 줄은 쉽게 끊어지지 아니하느니라."

세 사람의 만남과 교제는

각자가 하나님을 알아갈 뿐만 아니라,

각자가 다른 두 사람을 서로 비교하여 볼 수 있기 때문에

자신과 다른 두 사람을 더 구체적으로 객관화하여 볼 수 있다.

한 사람이면 패하겠거니와

최근 통계에 따르면, 혼자 사는 노인과 이삼십 대 젊은 층의 가구 수가 갈수록 증가하고 있다.[19] 노인의 경우는 이혼과 사별에 따른 불가피한 측면이 있다 하더라도, 결혼과 출산을 기피하는 젊은 층의 개인화 경향은 우리 사회의 한 어두운 측면을 반영한다.

젊은 층은 고도 경제 성장기를 살았던 부모 세대만큼 경제적으로 부를 누릴 수 없다고 생각하고, 또 내 집 마련과 장차 태어날 자녀 교육에 대한 부담도 만만치 않다고 생각한다. 게다가, 갈수록 경쟁이 치열해지는 사회에서 사람

간의 관계에 따른 피로도가 그러한 개인화 경향을 심화시키고 있다. 그래서 '나 혼자 살기도 빠듯한 세상에서 내 인생 나 혼자 스스로 즐기자!'(you only live once, 욜로)라는 생각을 하게 된다. '나 홀로'와 '욜로'가 결합한 '홀로'는 그러한 생각을 더 잘 보여 준다.

하지만 사람은 관계 속에서 살아가도록 창조되었다. 남자는 군대에 가서 단체 생활을 하며 서로 부대껴 보면서 더욱 단단해진다. 이것은 직접 경험해 보지 않은 사람은 느낄 수 없다. 그리고 결혼 적령기가 되면 결혼해서 한 가정을 이루고 그래서 태어나는 자녀와 함께 휘몰아치는 삶의 격랑을 겪어 봐야 더욱 단단해진다. 비가 온 뒤에 땅이 더욱 굳어지는 것처럼 사람은 관계 속에서 서로 부대껴 봐야 더 단단해지고 더 성숙해진다.

하나님은 아담을 창조하고 나서 그가 혼자 사는 것이 좋지 않아 그를 돕는 배필로 그에게 하와를 주었다. 남편과 아내라는 이 창조의 기본 질서는 우리가 관계를 떠나서는 결코 온전하게 살 수 없다는 사실을 분명하게 말해 준다.

나를 존중하는 사람이 상대도 존중하면서 더 행복하게 살 수 있다. 그러나 그 자존감의 요소 가운데서도 대인 관계 능력이 가장 중요하다.[20] 대인 관계를 원만하게 하는 사람은 그만큼 자존감도 높고 그래서 더 행복하게 살 수 있다는 것이다. 현직 부장판사로 일하면서 수많은 사건을 처리하며 사람들의 갈등 관계를 접해 온 문유석은 "과학이 알려 준 행복은 결국 가족, 연인, 친구, 동료 등 다양한 인간관계 속에서 느끼는 만족감이 핵심이다."라고 했다.[21] 우리는 관계를 떠나서는 살 수 없다.

두 사람이면 맞설 수 있나니

전도서 4장 9절은 이렇게 말한다. "두 사람이 한 사람보다 나음은 그들이 수고함으로 좋은 상을 얻을 것임이라." 그 이유는 세 가지다. 한 사람이 넘어지면 다른 한 사람이 그를 일으켜 세워 줄 수 있고, 두 사람이 함께 누우면 따뜻하고, 두 사람은 그 어떤 것과도 맞설 수 있기 때문이다.

모세는 가나안 땅을 정탐하기 위해 각 지파에서 한 사람씩 모두 열두 사람을 선발하여 그곳에 보냈다. 그러나 여호수아와 갈렙을 제외하고 모두 다 그 땅을 악평했다. 이후, 여호수아는 이때의 실패를 교훈 삼아 여리고 성을 정탐할 때는 그곳에 단 두 사람만 보냈다(수 2:1). 예수님도 전도를 위해 제자들을 둘씩 짝을 지어 보냈다. "열두 제자를 부르사 둘씩 둘씩 보내시며"(막 6:7). 그리고 그분이 승천할 때도 천사 둘이 나타나 그분이 반드시 재림할 것임을 그곳에 모인 제자들에게 증언했다(행 1:11).

형제가 죄를 범했을 때도 그 상황을 해결하고 다시 공동체의 화합을 이루기 위해 두 사람의 합심된 기도가 중요하다. "진실로 다시 너희에게 이르노니 너희 중의 두 사람이 땅에서 합심하여 무엇이든지 구하면 하늘에 계신 내 아버지께서 그들을 위하여 이루게 하시리라."(마 18:19)

성경은 이처럼 두 사람이 갖는 의미를 여러 가지로 증명한다. "홀로 있어 넘어지고 붙들어 일으킬 자가 없는 자에게는 화가 있으리라."(전 4:10) 두 사람은 서로 일으켜 세워 줄 수 있고, 함께 누우면 따뜻하고, 그 어떤 것과도 맞설 수 있다. 그래서 두 사람이 온전한 관계를 맺는 것은 아주 중요하다.

세 겹 줄은 쉽게 끊어지지 아니하느니라

성경은 나아가 '셋'을 아주 강조한다. "두세 사람이 내 이름으로 모인 곳에는 나도 그들 중에 있느니라."(마 18:20) 예수님은 두세 사람이 내 이름으로 모인 곳에는 내가 그들과 함께하겠다고 약속했다. 그리고 신명기 19장 15절 등, 구약 성경의 여러 곳을 보면 어떤 사실을 확증하기 위해서 두세 사람의 증인을 세웠다.

특히 아브라함과 이삭과 야곱은 세 족장으로서 이스라엘 백성을 대표한다. 그래서 하나님도 항상 그들 '셋'의 하나님으로 묘사된다(출 3:16).

또 변화 산상에서의 예수님과 모세와 엘리야를 보자. 그분이 변화 산상에서 변화되었을 때 모세와 엘리야가 나타나 그분과 대화했다. 모세는 율법을, 엘리야는 선지자를 각각 대표한다. 그리고 율법과 선지자는 곧 구약 성경 전체를 가리키며, 구약 성경 전체는 장차 이 세상에 올 메시아 그리스도를 바라보게 한다. 그러므로 모세와 엘리야가 나타나 그분과 대화했다는 것은 그들이 두 증인으로서 그분이 바로 구약 성경이 예언한 메시아 그리스도라는 사실을 분명하게 보여 주었다. '예수님과 모세와 엘리야', 곧 모세와 엘리야 그리고 그 둘이 증거한 예수님, 이 '셋'은 이처럼 깊은 의미를 갖고 있다.

하나님이 에덴동산에서 처음으로 세운 가정을 보자. 아담과 하와는 그들의 주인인 그분을 잘 섬겨야 했다. 이와 똑같이, 오늘의 우리 가정도 남편과 아내가 그들의 주인인 예수님을 잘 섬겨야 한다. 그리고 우리의 영적인 남편인 그분이 그분의 영적인 아내인 우리를 섬기듯이, 가정에서 남편과 아내도 서로 잘 섬겨야 한다. 또한 가정이 화평하려면 그분은 남편의 머리가 되고, 남편은 아내의 머리가 된다는 이 영적 질서를 잘 지켜야 한다(고전 11:7-12). 여기서도 '하나님과 아담과 하와' 그리고 '예수님과 남편과 아내'의 관계에서 보듯 '셋'은 깊은 의미를 갖고 있다.

요컨대 세 사람이 온전한 관계를 맺는 것은 모든 관계의 원형이며, 그래서 그것은 나머지 모든 유형의 관계를 대표한다. 모든 관계는 화평이 핵심인데, 이 셋의 관계는 그것을 훈련하는 데 반드시 필요하다. 그 훈련은 한마디로 예수님과 우리의 관계에서 보듯 서로 섬기면서 또한 영적 질서를 지키는 것이다. 곧 예수님이 우리를 섬기고 우리가 그분을 섬기듯이 우리도 서로 다른 사람을 섬기고, 또한 우리 각자의 위치와 역할에 따라 질서를 지켜야 한다. 우리는 어떤 관계에서든 그것을 지속하기 위해서는 서로 섬기면서 또한 질서를 지켜야 한다. 이것이 '셋'의 관계가 우리에게 주는 영적 원리다.

삼위일체가 주는 교훈

그와 같은 영적 원리는 삼위일체가 가장 잘 보여 준다. 하나님은 아브라함에게 세 사람으로 나타났다. 한 사람은 그분이었고, 두 사람은 천사였다(창 18:1-3, 22, 19:1). 그리고 그분은 삼위일체의 하나님이다. 그래서 '셋'이 관계를 맺을 때 이 삼위일체가 주는 교훈을 잘 새겨야 한다.

우리는 다른 사람들과 나누는 우정에서 기쁨을 얻으며, 그 우정은 인간 공동체에 속한 우리를 삼위일체적 특성으로 이끌어 간다. 삼위일체 하나님은 원래 인간이

라는 존재가 누려야 할 삶의 모델이자 기독교 공동체의
기초다. 우리는 깨어진 관계들을 치유하여 하나님의 통
치 아래에 두도록 부름받았다.[22]

삼위일체 하나님은 원래 우리가 누려야 할 삶의 모델이
자 기독교 공동체의 기초다. 이 삼위일체를 우리 지혜로
는 온전히 이해할 수 없다. 다만, 그것의 핵심은 서로 섬기
면서 또한 각자의 위치와 역할에 따라 질서를 지키는 것이
다. 그리고 거기서 다양성 속의 통일성이 나오고 또한 통
일성 속의 다양성이 나온다. 각자가 개별성을 충분히 발휘
하면서도 통일성 속에서 서로 연합되어 있고, 또한 통일성
속에서 서로 연합되어 있으면서도 각자가 개별성을 충분
히 발휘한다.

'셋'이 이렇게 관계를 맺는다면 그 열매가 얼마나 풍성할
까…. 하나님은 "화평의 하나님"(고전 14:33)이듯 그것은
곧 화평의 관계다. 이것은 우리가 각자 나 자신을 정확하게
알고 또한 다른 사람의 차이와 다름을 인정하고 그것을 받
아들일 때 가능하다. 그리고 그렇게 할 때 우리는 서로 섬

기면서 또한 각자의 위치와 역할에 따라 질서를 지킬 수 있다. 그곳에는 분명 사랑과 화평으로 충만한 교제가 있다.

삼중 직이 주는 교훈

'셋'은 또한 우리 한 사람에게도 깊은 영적 의미를 갖고 있다. 삼중 직은 왕, 제사장, 선지자 직을 말한다. 왕은 백성을 다스린다. '다스린다'는 것은 그들 위에서 '군림한다'거나 그들을 '지배한다'는 말이 아니라 그들을 '섬긴다'는 말이다. 그리고 제사장은 특히 긍휼의 마음으로 백성을 대신하여 하나님을 섬기고 그들을 섬긴다. 곧 왕이든 제사장이든 그들의 주된 임무는 하나님을 섬기고 백성을 섬기는 것이다. 그리고 선지자 또한 하나님과 백성을 섬기는 마음으로 백성에게 그분의 말씀을 대언한다. 요컨대 왕, 제사장, 선지자의 주된 임무는 하나님을 섬기고 백성을 섬기는 것이다.

성경에는 다윗같이 백성을 섬기는 왕으로서 또한 선지자의 역할을 잘 감당한 인물도 있고(행 2:30), 사독(삼하 15:27)과 예레미야(렘 1:1)와 에스겔(겔 1:3)처럼 백성을 섬기는 제사장으로서 또한 선지자의 역할을 잘 감당한 인물도 있다. 그리고 사무엘처럼 왕(사사), 제사장, 선지자의 역할을 동시에 잘 감당한 인물도 있다. 특히 사무엘은 혼란했던 사사 시대를 끝내고 다윗 왕조를 여는 데 크게 기여했다.

예수님은 왕, 제사장, 선지자로서 자신의 구속 사역을 온전히 성취했다. 그분은 만왕의 왕, 만주의 주로서 온 세상을 섬겼고, 참된 대제사장으로서 우리를 위해 친히 자신의 몸을 십자가에 희생 제물로 내놓았고, 참된 선지자로서 우리에게 하나님의 말씀을 전해 주었다.

우리는 다 왕 같은 제사장이다(벧전 2:9). 우리는 무엇보다 하나님의 말씀을 대언하는 선지자다(대상 16:22). 우리는 왕 같은 제사장으로서 다른 사람을 잘 섬길 때 또한 선지자로서 그에게 그분의 화평의 복음을 전할 수 있다.

세 제자의 관계 훈련

예수님도 '셋'의 관계를 중요하게 생각했다. 그분은 중요한 일이 있을 때마다 베드로와 야고보와 요한 이 세 제자를 따로 데리고 다녔다. 회당장 야이로의 딸을 살렸을 때와(막 5:22), 변화 산상에서 그들에게 자신의 부활을 교훈했을 때가 그렇고(마 17:1), 겟세마네 기도 때도 그랬다(마 26:37).

그분은 왜 이처럼 중요한 일이 있을 때마다 이 세 제자를 따로 데리고 다녔을까. 그것은 그들의 관계 훈련 때문으로 보인다. 베드로는 자신이 그분을 가장 사랑한다고 생각했고, 그분도 그를 수제자로 인정한 만큼, 그는 교만할 수 있었고 그래서 언제나 다른 제자들로부터 시기와 질투의 대상이 될 수 있었다. 그리고 야고보와 요한도 '우뢰의 아들'이라는 별명을 얻을 만큼, 그들은 항상 다른 제자들보다 앞서기를 좋아했다. 더군다나 그들 '셋'은 그분이 승천한 이후에 초대교회를 이끌어 갈 핵심적인 지도자가 될 것이었다. 그러므로 그들 '셋'의 관계 훈련은 반드시 필요했다.

베드로와 요한은 특히 그렇게 관계 훈련을 받은 결과, 요한복음 21장 이후에서부터 사도행전에서 줄곧 한 몸처럼 행동한다. 그들은 성전 미문에 앉아 구걸하던 사람을 마치

한 몸처럼 함께 바라보며 그를 고쳐 주었다. "베드로가 요한과 더불어 주목하여 이르되 우리를 보라 하니"(행 3:4). 이러한 표현은 그동안 그들이 관계 훈련을 받은 열매로 보인다. 나아가, 베드로는 야고보와 함께 순교로 그들의 신실함을 증명했고, 요한은 가장 오래 살면서 요한계시록을 기록했을 뿐 아니라 '우뢰의 아들'이 '사랑의 사도'가 되어 죽기 전까지 에베소교회를 잘 섬겼다. 이것 또한 관계 훈련의 결과다.

일곱 귀신에 들렸다가 고침 받은 막달라 마리아와, 또 작은 야고보와 요셉의 어머니 마리아 그리고 살로메 이 '셋'도 오래전부터 관계 훈련을 받은 것으로 보인다. 이들 '셋'은 예수님이 십자가에 달릴 때 끝까지 그 현장을 지켰고(막 15:40-41), 안식 후 첫날에도 함께 무덤으로 달려갔다(막 16:1). 그리고 막달라 마리아 그리고 작은 야고보와 요셉의 어머니 마리아는 그분의 부활 소식을 가장 먼저 제자들에게 알렸다.

특히 이들 '셋' 가운데 막달라 마리아의 이름이 항상 맨 앞에 나오는 것을 보면, 그것은 단지 그녀가 그분께 큰 은혜를 받았기 때문만이 아니라, 누가복음 8장 1-3절의 기록대로 그녀는 오래전부터 관계 훈련을 받은 것으로 보인다. "그 후에 예수께서 각 성과 마을에 두루 다니시며 하나님의 나라를 선포하시며 그 복음을 전하실새 열두 제자가 함께하였고, 또한 악귀를 쫓아내심과 병 고침을 받은 어떤 여자들 곧 일곱 귀신이 나간 자 막달라인이라 하는 마리아와 헤롯의 청지기 구사의 아내 요안나와 수산나와 다른 여러 여자가 함께 하여 자기들의 소유로 그들을 섬기더라."(눅 8:2-3) 이 생생한 그녀의 사역 현장이 그것을 잘 말해 준다.

그 관계 훈련은 한마디로 서로 섬기면서 또한 질서를 지키는 것이다. 삼위일체가 우리에게 주는 교훈도, 삼중 직이 우리에게 주는 교훈도 모두 그것이다. 삼위일체 하나님이 서로 섬기면서 각자 질서를 지키듯이, 왕 같은 제사장인 우리도 서로 섬기면서 각자 자신의 위치와 역할에 따라 질서를 지키며 선지자로서 우리 역할을 잘 감당해야 한다. 이 섬김과 질서가 있을 때 우리는 상대를 세우고 나를 세울 수 있다.

'셋'의 관계: 한 차원의 업그레이드

'셋'은 '둘'의 관계와 달리 그 관계가 한 차원 업그레이드된다. 물론 두 사람의 만남과 교제도 각자가 하나님을 알아갈 뿐만 아니라, 서로가 상대를 통해 자신과 상대를 더 객관화해서 볼 수 있다. 하지만 세 사람의 만남과 교제는 그것이 배가된다. 곧 각자가 그분을 알아갈 뿐만 아니라, 각자가 다른 두 사람을 서로 비교하여 볼 수 있기 때문에 자신과 다른 두 사람을 더 구체적으로 객관화하여 볼 수 있다. 그 결과, 각자가 다른 두 사람과 더 성숙한 관계를 맺을 수 있다. 이것이 '셋'의 관계가 우리에게 주는 하나의 유익이다.

모든 만남과 교제는 화평을 이루어야 한다. '셋'의 만남과 교제는 그 화평을 이루기 위해 누구의 뒷담화를 하지 않는 훈련에 반드시 필요하다. 우리는 뒷담화를 하려는 강한 성향이 있다고 했다. 그리고 뒷담화는 그것을 하는 사람과 그것을 듣는 사람 모두에게 심각한 정신적 상흔을 남긴다고 했다. '셋'의 관계에서 두 사람이 어느 한 사람을 두고 그의 뒷담화를 한다면 그 관계는 결코 오래 지속될 수

없다. 뒷담화는 언젠가 드러나게 되고, 결국 관계는 깨어
진다.

뒷담화는 해서도 안 되지만, 그것을 들어서도 안 된다.
만약 어떤 사람이 누구에 대해 뒷담화를 한다면 그가 기분
나쁘지 않게 그것을 그치게 해야 한다. 사실 내 앞에서 누
구에 대해 뒷담화를 하는 사람은 내가 없는 곳에서 다른
사람에게 내 뒷담화를 할 가능성이 크다. 우리는 그 어떤
경우에도 결코 뒷담화를 하지 않아야 하는데, '셋'의 관계
는 이 훈련을 하는 데 꼭 필요하다. 이것이 '셋'의 관계가 우
리에게 주는 또 하나의 유익이다.

Chapter 10

사랑! 사랑! 사랑! 이것을 잊지 말라!

골로새서 3:13-14

"누가 누구에게 불만이 있거든
서로 용납하여 피차 용서하되
주께서 너희를 용서하신 것 같이 너희도 그리하고,
이 모든 것 위에 사랑을 더하라,
이는 온전하게 매는 띠니라."

갈라디아서 5:13

"오직 사랑으로 서로 종노릇하라."

사랑은

모든 관계에서 정답이다.

관계의 시작도 그 과정도 그 이후도

사랑이 있을 때

우리는 화평의 관계를 이룰 수 있다.

성령 안에서 하나

사랑은 모든 관계에서 정답이다. 관계의 시작도 그 과정도 그 이후도 사랑이 있을 때 우리는 화평의 관계를 이룰 수 있다. 하나님은 사랑이고(요일 4:8), 그분의 말씀인 성경의 전체 메시지도 사랑이다. 다른 사람과의 관계에서 이 사랑이 없다면 그 관계는 결코 온전할 수 없다. 사랑하면 진심으로 그에게 관심을 갖게 되고, 그에게 무엇이든 해 주고 싶다. 손녀와 손자를 사랑하는 할머니와 할아버지의 마음이 그렇다.

모든 미움과 불신 등, 온갖 죄악된 마음과 생각은 사랑

안에서 녹아든다. 우리는 사랑 안에서만 갈등과 상처를 미연에 방지할 수 있다. "미움은 다툼을 일으켜도 사랑은 모든 허물을 가리느니라."(잠 10:12) 그리고 우리는 장차 천국에서 그 온전한 사랑을 느끼며, 그래서 온전한 관계가 회복되는 것을 경험하게 될 것이다.

성부 하나님과 성자 예수님은 서로 상대 안에 거한다. 그리고 성령은 성부의 영이자 성자의 영이다. 그래서 세 분은 한 영으로 온전히 하나가 된다. 그런데 주와 합하는 그리스도인은 이 삼위 하나님과 한 영이다. 그 안에 성부 하나님과 성자 예수님이 성령으로 함께 거하기 때문이다.

성령은 무엇보다 사랑의 영이자 화평의 영이다. 다윗도 사울에게 쫓겨 다닐 때 그를 찾아온 아마새 일행과 성령의 은혜로 온전히 하나가 될 수 있었다(대상 12:16-18). 우리는 성령 안에서 서로 온전히 하나가 될 수 있다. "우리가 유대인이나 헬라인이나 종이나 자유인이나 다 한 성령으로 세례를 받아 한 몸이 되었고 또 다 한 성령을 마시게 하셨느니라."(고전 12:13) 우리는 혈통과 신분 등 그 어떤 인간적인 제약과 상관없이 성령 안에서 한 몸이다. 성경은 우리가 평강을 위해 한 몸으로 부름을 받았기 때문에(골 3:15), 평안의 매는 줄로 성령이 하나 되게 한 것을 힘써 지키라고 권면한다(엡 4:3).

아담과 하와, 그리고 모든 부부는 한 몸이다(창 2:24). 그리고 예수님은 우리의 영적인 남편이고 우리는 모두 다 그분의 영적인 아내다. 남편과 아내가 한 몸이듯이, 우리는 그분과 한 몸이다. 우리는 또한 그분을 머리로 삼고 다른 사람과 함께 각각 지체가 되어 한 몸을 이루고 있다. 한 몸은 오직 사랑 안에서만 스스로 세워진다(엡 4:16). 그래서 성경은 "오직 사랑으로 서로 종노릇하라."(갈 5:13)고 한다.

한 몸인데 사랑하지 못할 이유가 없다. 지나고 나면 항상 아쉬운 것이 사랑이다. '그때 조금만 더 신경을 써서 사랑했다면 얼마나 좋았을까…' 이렇게 생각해 보지 않은 사람은 아마 없을 것이다. 정작 나를 위해서 가장 필요한 것도 사랑이다. 나를 사랑하지 않는 사람은 다른 사람도 사랑할 수 없기 때문이다.

다른 사람을 사랑하려면, 마음을 같이 하고 뜻을 합하여 같은 사랑을 가져야 한다(빌 2:2). "누가 누구에게 불만이 있거든 서로 용납하여 피차 용서하되 주께서 너희를 용서하신 것 같이 너희도 그리하고, 이 모든 것 위에 사랑을 더하라, 이는 온전하게 매는 띠니라."(골 3:13-14) 하나님이 우리를 용서한 것처럼 우리도 서로 용납하고 용서해야 한다. 사랑이 우리를 온전하게 매는 띠다. 사랑은 가장 큰 능력이며(민 14:17-19), 사랑은 가장 큰 은사다(고전 13:1-3).

부모와 자식 간에도 '내리사랑'이 쉽지 '치사랑'은 어렵다. 하나님도 우리를 먼저 사랑했다(요일 4:10). 그분은 그저 아가페 사랑으로 아무 조건 없이 우리를 사랑했다. 세례 요한이 엘리야의 심령과 능력으로 예수님 앞서 와서 이 사랑의 아버지 하나님의 마음을 거스르는 자식에게 주자, 거스르는 자가 의인의 슬기에 돌아오게 되었다(눅 1:17). 그리고 하나님은 우리도 아무 조건 없이 다른 사람을 사랑하라고 한다.

이간은 금물

사탄은 하나님과 사람 사이를 갈라놓았다. 그는 이간의 명수다. 한순간도 이것을 잊으면 관계는 깨어진다. 그는 하와에게 그분의 선의를 과장하여 의심하게 했다. "하나님이 참으로 너희에게 동산 모든 나무의 열매를 먹지 말라 하시더냐."(창 3:1) 그분은 아담에게 동산 가운데 있는 선악과만 먹지 말고 동산 각종 나무의 열매는 네 임의로 먹으라고 했다. 그런데도 그는 마치 그분이 전혀 사랑이 없는 것처럼 그분이 너희에게 동산 모든 나무의 열매를 먹지 말라고 했느냐며, 그분의 선의를 과장하여 의심하게 했다. 그러고 나서 그는 그분이 아담에게 선악과를 먹지 말라고 한 이유를 과장하여 왜곡하며, 그분과 그들 사이를 완전히 갈라놓는다. "너희가 그것을 먹는 날에는 너희 눈이 밝아져 하나님과 같이 되어 선악을 알 줄 하나님이 아심이니라."(창 3:5)

우리도 어떤 사람을 이간할 때는 그의 허물을 과장하거나 왜곡하여, 거듭 말한다. "허물을 덮어 주는 자는 사랑을 구하는 자요, 그것을 거듭 말하는 자는 친한 벗을 이간하는 자니라."(잠 17:9) 어떤 사람을 이간하는 것은 사탄의 속성이다. 이는 결코 하나님의 의를 이루지 못한다. 앞에서는 미움을 감추고 뒤에서는 다른 사람을 이간하고 중상하는 자는 거짓된 입술을 가진 자요 미련한 자다. "미움을 감추는 자는 거짓된 입술을 가진 자요, 중상하는 자는 미련한 자이니라."(잠 10:18)

하나님은 이간하는 사람을 미워한다(잠 6:19). 으뜸 되기를 좋아하는 디오드레베는 악한 말로 사도 바울 일행을 비방하며, 형제들을 맞아들이지도 아니하고 맞아들이고자 하는 자를 금하여 그들을 교회에서 내쫓았다(요삼 9-10). 이런 사람은 결코 그분과 다른 사람을 진심으로 섬길 수 없다.

하나님이 최종 판단자이자 해결자임을 알아야

관계에는 갈등과 상처가 있을 수 있다. 그러나 그렇다고 해서 관계를 외면하거나 피할 수도 없다. 하나님은 우리에게 원수까지 사랑하라고 한다. 그렇게 하려면, 그분이 내 상황을 가장 잘 알고 있고, 그래서 그분만이 그 모든 상황의 최종 판단자이자 해결자임을 알아야 한다. 이것을 알아야 그 어떤 갈등과 상처도 극복할 수 있다. 예수님이 그렇게 했다. "욕을 당하시되 맞대어 욕하지 아니하시고 고난을 당하시되 위협하지 아니하시고 오직 공의로 심판하시는 이에게 부탁하시며"(벧전 2:23). 그분은 모든 상황을 오직 공의로 심판하는 하나님께 맡겨 드리며 끝까지 인내했다.

내게 상처를 주거나 나를 배신한 사람을 용서하기가 어려운가? 설령 나는 전혀 잘못한 것이 없다고 하더라도, 하나님이 그 모든 상황의 최종 판단자이자 해결자임을 알고 그분께 그것을 맡겨 드려야 한다. 다윗이 그랬다. 그는 두 번이나 사울을 죽일 기회가 있었지만, 그분이 사울을 직접 다루실 때까지 그는 끝까지 인내하며 때를 기다렸다. 그리고 결국에는 그분이 주는 풍성한 은혜를 누렸다.

우리는 그 누구도 미워할 권리는 없다. 사랑할 의무만 있다. 이것은 우리 힘만으로는 안 된다. 성령께 은혜를 구해야 한다. 성령이 반드시 우리를 도울 것이다.

부록

TEN 복음

1. 아담은 하나님과 인격적으로 교제하며 영원히 살 수 있었습니다. 다만, 그는 죄를 지을 수 있는 연약함이 있었습니다.

2. 아담은 그 연약함에도 불구하고 말씀에 순종해야 했습니다.

"동산 각종 나무의 열매는 네가 임의로 먹되 선악을 알게 하는 나무의 열매는 먹지 말라, 네가 먹는 날에는 반드시 죽으리라."(창 2:16-17)

3. 아담은 말씀에 불순종하여 하나님께 범죄했습니다.

"여자가 그 열매를 따 먹고 자기와 함께 있는 남편에게도 주매 그도 먹은지라."(창 3:6)

4. 우리는 모든 인류를 대표했던 아담과 연합하여 모두 다 하나님께 범죄했습니다.

"한 사람으로 말미암아 죄가 세상에 들어오고 죄로 말미암아 사망이 들어왔나니 이와 같이 모든 사람이 죄를 지었으므로 사망이 모든 사람에게 이르렀느니라."(롬 5:12)

5. 죄의 삯은 사망입니다.

"죄의 삯은 사망이요"(롬 6:23).

6. 죽으면 영생(천국)과 영벌(지옥)의 심판이 있습니다.

"한번 죽는 것은 사람에게 정하신 것이요 그 후에는
심판이 있으리니"(히 9:27).

7. 우리는 지금까지 각종 종교와 선행 등 우리 자신의 공
   로로 영원히 사는 길을 추구해 왔습니다. 하지만 이것
   으로는 결코 구원을 얻을 수 없습니다.

   "율법의 행위로써는 의롭다 함을 얻을 육체가 없느니
   라."(갈 2:16)

8. 하나님은 우리가 다시 그분과 인격적으로 교제하며
   영원히 살 수 있도록 단 하나의 길을 예비했습니다.
   그 길은 바로 예수 그리스도입니다.

   "내가 곧 길이요 진리요 생명이니 나로 말미암지 않
   고는 아버지께로 올 자가 없느니라."(요 14:6)

   "다른 이로써는 구원을 받을 수 없나니 천하 사람 중
   에 구원을 받을 만한 다른 이름을 우리에게 주신 일

이 없느니라."(행 4:12)

■ 예수 그리스도가 왜 구원을 얻는 유일한 길인가?

1) 피를 흘리지 않으면 죄 사함이 없습니다.

 "피 흘림이 없은즉 사함이 없느니라."(히 9:22)

2) 그는 타락한 우리에게서 죄의 유전을 받지 않고 거룩
   한 성령으로 잉태되어 태어났습니다. 그는 '하나님의
   아들'로서 전혀 죄가 없습니다.

 "그가 우리 죄를 없애려고 나타나신 것을 너희가 아
 나니 그에게는 죄가 없느니라."(요일 3:5)

3) 그는 우리 죄를 대신 속하기 위해 십자가에서 죽었습니다.

 "우리는 다 양 같아서 그릇 행하여 각기 제 길로 갔거

늘 여호와께서는 우리 모두의 죄악을 그에게 담당시
키셨도다."(사 53:6)

"우리가 아직 죄인 되었을 때에 그리스도께서 우리를
위하여 죽으심으로 하나님께서 우리에게 대한 자기
의 사랑을 확증하셨느니라."(롬 5:8)

"자녀들은 혈과 육에 속하였으매 그도 또한 같은 모
양으로 혈과 육을 함께 지니심은 죽음을 통하여 죽음
의 세력을 잡은 자 곧 마귀를 멸하시며, 또 죽기를 무
서워하므로 한평생 매여 종노릇 하는 모든 자들을 놓
아 주려 하심이라."(히 2:14-15)

4) 그가 죽었다가 부활하지 않았다면, 우리는 여전히 우
리 죄 가운데서 죽을 수밖에 없습니다.

"그리스도께서 다시 살아나신 일이 없으면 너희의
믿음도 헛되고 너희가 여전히 죄 가운데 있을 것이
요"(고전 15:17).

5) 그는 죽은 지 삼일 만에 부활하여 그를 믿는 모든 사
   람에게 영원히 사는 길을 열어 놓았습니다.

   "예수께서 이르시되 나는 부활이요 생명이니 나를
   믿는 자는 죽어도 살겠고, 무릇 살아서 나를 믿는 자
   는 영원히 죽지 아니하리니 이것을 네가 믿느냐."(요
   11:25-26)

   "예수는 우리가 범죄한 것 때문에 내줌이 되고 또한
   우리를 의롭다 하시기 위하여 살아나셨느니라."(롬
   4:25)

9. 하나님의 은혜로 예수 그리스도를 믿으면 구원을 얻
   습니다.

   "모든 사람이 죄를 범하였으매 하나님의 영광에 이르
   지 못하더니 그리스도 예수 안에 있는 속량으로 말미
   암아 하나님의 은혜로 값없이 의롭다 하심을 얻은 자
   되었느니라."(롬 3:23-24)

10. 예수 그리스도를 믿으면, 성령이 내 안에 거하며 내
    삶의 주인이 됩니다.

"증거는 이것이니 하나님이 우리에게 영생을 주신
것과 이 생명이 그의 아들 안에 있는 그것이니라,
아들이 있는 자에게는 생명이 있고 하나님의 아들
이 없는 자에게는 생명이 없느니라, 내가 하나님의
아들의 이름을 믿는 너희에게 이것을 쓴 것은 너희
로 하여금 너희에게 영생이 있음을 알게 하려 함이
라."(요일 5:11-13)

기도

하나님 아버지, 저는 하나님을 떠나 살았던 죄인임을 고백합니다. 그러나 지금 이 순간 예수님이 저의 죄를 대신 지시고 십자가에서 피를 흘려 죽으시고, 또 삼일 만에 부활하신 것을 믿습니다. 이제 저의 죄를 용서해 주시고 구원해 주셔서 하나님의 자녀가 된 것을 감사드립니다. 저에게 영생을 주신 예수님을 구원자요, '하나님의 아들'이시요, 주님으로 모셔 들입니다. 제 마음에 들어오셔서 저를 다스려 주시옵소서. 예수님의 이름으로 기도드립니다. 아멘.

* 우리는 하나님의 형상으로 창조되었습니다. 예수 그리스도를 믿고 하나님을 인격적으로 만날 때 우리 영혼의 참된 만족을 얻을 수 있습니다.

* 가까이 있는 복음적인 교회에서 믿음 생활을 하시기 바랍니다.

II

CORE MISSION(코어선교회)
훈련 과정 안내

1. 코어 과정 (공통 과정)

- **코어**: 구원 핸드북

▶ 예수님을 믿지 않으시는 분이나 다시 믿음 생활을 시
  작하기를 원하시는 분을 적극 환영합니다.

2. 코어+ 과정 (군사 과정)

- **하나님의 뜻을 정확하게 분별하라**: 영적 전쟁 핸드북

- 관계 십계명: 관계 핸드북

- 혼탁한 시대에 구속사로 답하다: 구속사 핸드북

- 믿음 생활의 사대 원칙: 믿음 생활 핸드북

"네가 많은 증인 앞에서 내게 들은 바를 충성된 사람들에게 부탁하라, 그들이 또 다른 사람들을 가르칠 수 있으리라, 너는 그리스도 예수의 좋은 병사로 나와 함께 고난을 받으라, 병사로 복무하는 자는 자기 생활에 얽매이는 자가 하나도 없나니 이는 병사로 모집한 자를 기쁘게 하려 함이라."(딤후 2:2-4)

▶ 말씀으로 준비되고 전도의 열정으로 무장하여 다른 사람을 말씀으로 세우고자 하는 모든 분을 환영합니다.

▶ 신앙 상담이나 기타 자세한 사항에 대한 문의는 아래 연락처로 연락 주시기 바랍니다.

이수은 /H. 010-3765-3121 /dltlsghk777@daum.net

* 코어(CORE):

'핵' 또는 '중심부'라는 뜻으로

성경의 핵심이자 역사의 핵심인 예수님이

우리 각자의 핵심이 되어야 한다는 소망을 담고 있다.

에필로그

언젠가 불현듯 어떤 생각이 떠올라 메모해 둔 것이 있다.
소박하게 '즉시(卽詩)'라는 제목도 붙였다.

즉시(卽詩)

검은 점이

먼지가 아닌 것이

생명이

날았다

마룻바닥에 자그마한 검은 점 같은 것이 있었다. 집어서 버리려고 했더니, 아주 작은 날 벌레가 날았다. 그 순간, '검은 점'과 '먼지'와 '생명'이라는 단어가 연이어 떠오르며, 새삼 생명체의 신비를 느꼈다. 그리고 그 당시 여러 가지 문제로 힘들어하는 주변 사람들과 그들의 상황이 한순간 오버랩되면서 마음이 울컥했다.

한갓 미물과의 관계, 그리고 그것이 환기하는 의미도 이렇게 미묘한데, 사람과의 관계는 얼마나 오묘한가…. 다시 깊이 생각해 보았다. 한마디로, 관계는 고도의 정교함과 치밀함과 신중함과 정성이 필요하다. 그것은 그 어떤 '밀당'(밀고 당기기)보다 더 치열하다.

그래서 관계는 무엇보다 영적인 문제다. 관계의 현장처럼 더 치열한 곳은 없다. 둘이 만나 교제한다고 하자. 거기에는 그 둘만 있는 것이 아니다. 관계의 훼방자요 파괴자인 사탄이 그곳에 함께 있다. 하지만 우리에게는 하나님이 있다. 그리고 우리가 예수님을 믿고 의지할 때 우리는 그분 안에 그리고 그분은 우리 안에 거한다. 그리고 성령이 항상 우리를 돕고 있다.

  지금도 많은 사람이 여기저기서 이 모양 저 모양으로 서로 관계를 맺고 있을 것이다. 하지만 각자가 하나님을 의식하고 또한 예수님을 믿고 의지할 때 그 관계는 더욱 풍성해질 것이다. 성령이 우리를 반드시 그러한 관계로 이끌 것이다. 나는 이것을 확신한다. 이 책이 성숙한 관계를 소망하는 모든 분에게 도움이 되기를 바란다.

주

1) 리처드 도킨스, 홍영남·이상임 옮김, 『이기적 유전자』, 을유 문화사, 2018, 65쪽.

2) 김혜남, 『만약 내가 인생을 다시 산다면』, 메이븐, 2023, 105쪽.

3) 마틴 부버, 표재명 옮김, 『나와 너』, 문예출판사, 2022, 21쪽.

4) 에리히 프롬, 김진욱 옮김, 『마르크스·프로이트 평전』, 집문 당, 2016, 147쪽.

5) 마틴 부버, 앞의 책, 68-69쪽.

6) 로날드 사이더, 이지혜 옮김, 『그리스도인의 양심 선언』, IVP, 2005, 72쪽.

7) 데일 카네기, 『인간관계론』, 리베르, 2022, 44쪽.

8) 존 비비어, 『관계』, 터치북스, 2022, 197쪽.

9) 프리츠 M. 하이켈하임, 김덕수 옮김, 『하이켈하임 로마사』, 현대 지성, 2017, 〈부록〉에 실린 '로마사 연대표'(1013-1045쪽) 참조.

10) 범립본, 김원중 옮김, 『명심보감』, 글항아리, 2012, 130쪽.

11) 데일 카네기, 앞의 책, 30쪽.

12) 위의 책, 41쪽.

13) 박효진, 「독일서 첫 AI 목사가 설교했더니」, 『국민일보』, 2023. 6. 16. n. news. naver. com(2023. 6. 29.)

14) 헨리 클라우드 & 존 타운센드, 『성장하는 소그룹의 비밀 55가지』, 좋은씨앗, 2004, 197쪽.

15) 김혜남, 앞의 책, 144쪽.

16) 백상경제연구원, 『퇴근길 인문학 수업, 관계』, 한빛비즈, 2019, 113쪽.

17) 이수은, 『하나님의 뜻을 정확하게 분별하라』, 좋은땅, 2023, 204쪽.

18) 토미 테니, 윤종석 옮김, 『하나님의 드림팀』, 두란노, 2005, 58쪽.

19) KOSIS 국가통계포털, kosis. kr, 2024. 1. 30. '인구총조사' 참조.

20) 백상경제연구원, 앞의 책, 51쪽.

21) 문유석, 『개인주의자 선언』, 문학동네, 2015, 53쪽.

22) 달라스 윌라드, 윤종석 옮김, 『하나님의 음성』, IVP, 2020, 94쪽.

관계 십계명

성경에서 배우는 관계의 지혜

ⓒ 이수은, 2024

초판 1쇄 발행 2024년 7월 30일

지은이   이수은
펴낸이   이기봉
편집   좋은땅 편집팀
펴낸곳   도서출판 좋은땅
주소   서울특별시 마포구 양화로12길 26 지월드빌딩 (서교동 395-7)
전화   02)374-8616~7
팩스   02)374-8614
이메일   gworldbook@naver.com
홈페이지   www.g-world.co.kr

ISBN   979-11-388-3373-8 (03230)